Margarete Eirich

Einsam? Zweisamkeit mit Gott

Ein geistliches Exerzitium

Margarete Eirich

Einsam? Zweisamkeit mit Gott

Ein geistliches Exerzitium

© CHRISTIANA-VERLAG
im Fe-Medienverlag, Hauptstr. 22,
88353 Kisslegg-Immenried

1. Auflage 2022

Gestaltung: Renate Geisler
Fotos und Bilder: Dr. Margarete Eirich

Druck: mcp-druk, Polen
ISBN: 978-3-7171-1349-2

Printed in EU

Inhalt

Vorwort

Immer wieder hörte ich die Klage von Menschen, einsam zu sein. Einmal war der Ehepartner gestorben, einmal war es aufgrund der aktuellen Entwicklungen; bisweilen entstand ein Gefühl der Einsamkeit sogar inmitten eines lebhaften Umfeldes. Immer wieder aber lief es darauf hinaus, dass Menschen sich beklagten, keinen anderen Menschen zu haben, mit dem sie reden könnten. Das ist natürlich wirklich nicht einfach!

Angeregt durch diese Gespräche entstand eine Vortragsreihe, die ich im Frühjahr 2021 in Radio Horeb hielt. Mein herzlicher Dank gilt Herrn Gregor Dornis, der mir die Möglichkeit für die Verbreitung dieser Vorträge bei Radio Horeb gegeben hat (29.04.2021, 30.04.2021 und 04.05.2021). Bereits, während ich die Vorträge für die Aufnahmen fertigstellte, wurde mir klar, dass ich diese Gedanken auch in Buchform vorlegen sollte. Für die Drucklegung wurde noch einiges ergänzt. Bewusst wurden aber Wiederholungen beibehalten, da sie helfen, das Gesagte wie das Geschriebene zu verinnerlichen.

Möge dieses Werk helfen, dass immer mehr Menschen auf Gottes Sehnsucht nach einer lebendigen Beziehung zu IHM antworten. Jeder Mensch ist doch dazu berufen, in einer lebendigen Beziehung MIT dem Herrn zu leben. Jeder Mensch ist dazu berufen, MIT Gott zu leben. Möge dieses Buch ein geistliches Exerzitium, ein Wegbegleiter für eine immer tiefere Gottesbeziehung sein!

Möge dieses Buch dazu beitragen, dass sich immer mehr Menschen auf eine lebendige Beziehung mit dem Herrn einlassen – nicht nur, weil sie sich allein fühlen! Es ist doch die Berufung aller, in einer lebendigen Beziehung mit dem Herrn zu leben!

Allen, die mitwirkten, dass dieses Buch entstehen konnte, möchte ich meinen herzlichen Dank aussprechen.

Gottes liebende Sehnsucht nach dem Menschen

Immer wieder ist zu hören, dass Menschen unter dem Alleinsein leiden – seit Corona mehr denn je! Doch sind wir wirklich allein? Sind wir nicht alle seit der Taufe Tempel des Heiligen Geistes?
Wohnt nicht Gott in uns und freut sich, wenn wir mit ihm unsere Sorgen und Nöte teilen?
Gott wohnt IN uns seit der Taufe!
Wir sind bewohnt!
Lassen wir uns das doch einmal auf der Zunge zergehen!
Betrachten wir doch dieses Geschehen!

Wenn ich in den besagten Gesprächen, in denen es um Einsamkeit ging, beteuerte, dass wir NICHT allein sind, erhielt ich meist zur Antwort, dass man Gottes Stimme nicht wie eine menschliche Stimme hören könne und ER nicht eine solch deutliche Antwort gebe.

Nun, ich gebe zu, das ist nicht ganz einfach und bedarf der Übung.
Auch ich selbst muss mich immer wieder aufs Neue darin einüben, mit Gott zu reden, mit ihm eine Beziehung zu pflegen. Ich muss in das Gespräch mit Gott eintreten und es pflegen. Ich muss mich immer wieder darin einüben, meine Zweisamkeit mit Gott zu pflegen! Ich habe mir sagen lassen, dass dies auch in der Ehe so ist und es nicht einfach ist, mit dem Ehepartner das regelmäßige Gespräch zu pflegen. Es kommt sogar vor, dass sich Ehepart-

ner innerhalb ihrer festen Beziehung einsam fühlen. Die Zweisamkeit muss auch hier geübt werden. Nicht ohne Grund hat nun auch die Deutsche Bischofskonferenz eine Kleinschrift hierzu herausgegeben. Ja, auch in einer Ehe bedarf es einer Einübung in eine geistige Zweisamkeit als Grundlage einer guten Ehe. Auch hier ist eine Einübung in einen regelmäßigen Austausch und in ein Miteinander notwendig. Es bedarf der Einübung in eine Zweisamkeit, einer Beziehungspflege, eines Miteinanders auch auf einer geistigen Ebene.
In analoger Weise gilt dies auch für die Beziehungspflege jedes Gläubigen mit Gott. Seit der Taufe hat der Heilige Geist in uns Wohnung genommen. Wir sind Tempel des Heiligen Geistes. Wir sind bewohnt! Doch wie oft lassen wir IHN, der in uns lebt, allein?

Altes Testament

Dabei spricht bereits das gesamte Alte Testament davon, wie sehr Gott sich danach sehnt, mit uns in liebender Gemeinschaft zu leben. Bereits in der Genesis lesen wir, wie Gott nach der Erschaffung des Menschen mit den ersten Menschen, Adam und Eva, einen vertrauten Umgang pflegte. Gott pflegte Gemeinschaft mit den Menschen. Es war ein vertrauensvolles Miteinander im Garten Eden.
Doch entschieden sich die Menschen, aus diesem vertrauten Umgang mit Gott herauszutreten.
Und immer und immer wieder hat Gott aufs Neue um den Menschen geworben …

Im Buch der Sprüche wird von diesem vertrauten Umgang berichtet. Dort lesen wir, wie sehr sich Gott darüber freute, dass der Mensch vor ihm spielte. Es heißt dort:

> „Da war ich als geliebtes Kind bei ihm.
> Ich war seine Freude Tag für Tag und spielte vor ihm allezeit. Ich spielte auf seinem Erdenrund" (Spr 8,30f).

Ja, im Spiel ist die Person ganz sie selbst, ganz bei sich. Und so freute sich Gott, dass der Mensch im Spiel ganz vor ihm weilte.

Und immer und immer wieder warb ER um sein Volk, wie ein Bräutigam um seine Braut wirbt. Gott sehnte sich nach der liebenden Antwort des Menschen. Gott sehnte sich nach der liebenden Antwort auf sein liebendes Werben um sein geliebtes Volk.

Das Hohelied ist ein wunderbares Beispiel für dieses liebende Werben Gottes um sein Volk, seine geliebte Braut.

In der bildhaften Sprache des Orients spricht das Hohelied von Gottes werbenden Liebe.

So heißt es im Hld 7,11:

> „… nach mir steht sein Verlangen."[1]

Und einladend bittet der Liebende in Hld 8,6:

> „Leg mich wie ein Siegel auf dein Herz, wie ein Siegel auf deinen Arm, denn stark wie der Tod ist die Liebe, die Leidenschaft ist hart wie die Unterwelt! Ihre Gluten sind Feuergluten, gewaltige Flammen."

Das hebräische Wort für „gewaltige Flammen" enthält hier als letzte Silbe „jah" als Kurzbezeichnung für den Gottesnamen JHWH[2]. Gottes Liebe gleicht demnach gewaltigen Flammen.

---

[1] Übersetzung des Herder-Bibelkommentars, Freiburg/Br. [2]1968.

[2] Die Einheitsübersetzung 2016 (Katholisches Bibelwerk, Stuttgart)

Auch die Propheten des Alten Testaments künden immer wieder von diesem Werben Gottes um sein geliebtes Volk. So heißt es beim Propheten Zefanja:

„Der HERR, dein Gott, ist in deiner Mitte …
Er freut sich und jubelt über dich, er erneuert seine Liebe zu dir[3], er jubelt über dich und frohlockt, wie man frohlockt an einem Festtag“ (Zef 3,17).

Ja, lassen wir dies in unser Herz dringen!

„Der HERR, dein Gott, ist in deiner Mitte …
Er freut sich und jubelt über dich,
er jubelt über dich und frohlockt, wie man frohlockt
an einem Festtag“ (Zef 3,17).

Und bei Jesaja hören wir:

„Wie der Bräutigam sich freut über die Braut,
so freut sich dein Gott über dich“ (Jes 62,5).

Immer wieder vergleicht Jahwe sich mit einem Bräutigam, der sich eifersüchtig nach der Liebe seines Volkes sehnt!

merkt hier an: „Das hebräische Wort für ‚gewaltige Flammen‘ enthält an seinem Ende das theophore Element ‚jah‘ als Kurzbezeichnung des Gottesnamens JHWH.“

3 In der Einheitsübersetzung von 2016 steht hier: „Er schweigt in seiner Liebe.“ Durch eine andere Vokalisation kann sich die Übersetzung aber völlig verändern. So sieht die lateinische Übersetzung/Vulgata sowie der hebräische Text „er schweigt“ vor. Die hier gewählte Übersetzung entspricht dem Gesamtzusammenhang sowie der griechischen Übersetzung/Septuaginta und der Einheitsübersetzung von 1980/1999. Treffend ist ebenfalls auch die Übersetzung aus Herders-Bibelkommentar. Freiburg/Br. [24]1965: „Er schafft dich neu in seiner Liebe.“

Oder hören wir bei Jes 43,4f:

> „Weil du in meinen Augen teuer und wertvoll bist und weil ich dich liebe, gebe ich Menschen für dich und für dein Leben ganze Völker. Fürchte dich nicht, denn ich bin mit dir!"

Betrachten wir diese Liebeszusage! „Weil du in meinen Augen teuer und wertvoll bist und weil ich dich liebe, gebe ich Menschen für dich und für dein Leben ganze Völker. Fürchte dich nicht, denn ich bin mit dir!" (Jes 43,4).

Ja, Gott ist MIT MIR und ich bin für IHN kostbar und wertvoll!

Davon hören wir auch bei Jer 31,3:

> „Mit ewiger Liebe habe ich dich geliebt."
> Betrachten wir doch immer und immer wieder diese Worte: „Mit ewiger Liebe habe ich dich geliebt" (Jer 31,3). Ja, wiederholen wir dieses Wort Gottes immer und immer wieder! „Mit ewiger Liebe habe ich dich geliebt." Lassen wir es in unser Herz und in unseren Geist sinken, indem wir es immer und immer wiederholen.
> „Mit ewiger Liebe habe ich dich geliebt."

Der Herr sagt auch zu Ihnen:

> „Mit ewiger Liebe habe ich dich geliebt" (Jes 31,3).

Doch immer wieder brach der Mensch diesen Liebesbund.

Neues Testament

Schließlich kam Gott selbst zur Erde und nahm Fleisch an, um von dieser für den Menschen so schwer begreifbaren Liebe des himmlischen Vaters zu künden. Jesus kam in die Welt, um uns von der Liebe des Vaters zu überzeugen. Seine gesamte Verkündigung zielte darauf, uns Gottes unendliche Liebe zu offenbaren.
Seine gesamte Lehre richtete sich darauf, uns verständlich zu machen, wie sehr Gott uns liebt.

Wieder kann ich hier nur einzelne Stellen herausgreifen. So spricht Jesus in Joh 16,27:

> „Denn der Vater selbst liebt euch“,

und bei Joh 3,16:

> „Denn Gott hat die Welt so sehr geliebt, dass er seinen einzigen Sohn hingab, damit jeder, der an ihn glaubt, nicht verloren geht, sondern ewiges Leben hat.“

Ja, schauen wir aufs Kreuz: SO ... SO – hat Gott die Welt geliebt! Der Vater hat uns SO geliebt! Ja, SO hat Gott die Welt geliebt!
Auch der Apostel Paulus betont:

> „Was kann uns scheiden von der Liebe Christi? Bedrängnis oder Not oder Verfolgung, Hunger oder Kälte, Gefahr oder Schwert?“ (Röm 8,35)

Nein, nichts kann uns von der Liebe Christi scheiden, weder Hunger noch Kälte, weder Gefahr noch Verfolgung!

Jesu ganzes Bestreben war es, uns die Liebe Gottes zu verkünden. Immer und immer wieder suchte er danach, uns von dieser so großen Liebe Gottes zu künden! Die Kraft für sein Lehren schöpfte er aus seinem vertrauten Gespräch mit seinem Vater. Immer wieder zog er sich in die Einsamkeit zurück, um mit seinem Vater das Gespräch zu pflegen. Immer wieder zog sich der Sohn in die Einsamkeit zurück, um die Zweisamkeit mit seinem Vater zu suchen. Immer wieder pflegte er in der Zurückgezogenheit und Stille die Zweisamkeit mit Gott. Daraus zog er Kraft für sein Wirken in der Welt. Immer wieder trat er ein in den vertrauten Umgang mit seinem Vater in der Stille der Nacht.

Seine Jünger sahen ihn beten. Sie sahen, wie er mit seinem Vater einen vertrauten Umgang pflegte. Daher baten sie ihn eines Tages darum, sie das Beten zu lehren. Daraufhin brachte Jesus ihnen das VATER UNSER bei. Er lehrte sie den Umgang mit dem himmlischen Vater in kindlichem Vertrauen, einen echt väterlich-kindlichen Umgang! Jesus lehrte sie seinen vertrauensvollen Umgang in liebender Zwiesprache mit dem Vater. Jesus lehrte sie, Gott liebevoll und vertrauensvoll mit ABBA anzusprechen. ABBA ist eine zärtliche, vertrauliche Bezeichnung für Vater – es kann vielleicht am treffendsten mit Väterchen übersetzt werden. Jesus lehrte sie, mit diesem so innig liebenden Väterchen zu reden – wie ein Kind mit seinem Papa redet.

Für uns ist dies vielleicht fremd – besonders wenn unser Verhältnis zu unserem leiblichen Vater nicht besonders gut war. Dann dürfen wir unseren himmlischen Papa bitten, diese Wunden zu heilen. Wir dürfen Jesus bitten, sein kostbares Blut in unsere Wunden fließen zu lassen. Wir dürfen uns die Worte der Heiligen Schrift immer wieder in Erinnerung rufen:

> „Kann denn eine Frau ihr Kindlein vergessen, ohne Erbarmen sein gegenüber ihrem leiblichen Sohn? Und selbst, wenn sie ihn vergisst: Ich vergesse dich nicht. Sieh

> her: Ich habe dich eingezeichnet in meine Hände“ (Jes 49,15f).

Ja, selbst wenn eine Mutter ihr Kind vergessen würde, Gott vergisst niemanden!

Unser himmlischer Vater liebt uns unendlich viel mehr als unser irdischer Vater! Wiederholen wir für uns dies immer wieder, damit es in unser Herz fällt:

> „Ich vergesse dich nicht. … Ich habe dich eingezeichnet in meine Hände“ (Jes 49,15f).

Gott vergisst uns nie!

Ja, lassen wir dies in unser Herz sinken!

Gespräch mit unserem Vater

Als Kinder Gottes sind wir eingeladen, mit unserem Vater, mit unserem himmlischen Papa zu reden; uns mit ihm auszutauschen.
Jesus selbst hat uns dies vorgelebt.
Immer wieder zog er sich zurück, um mit seinem Vater zu reden.
Immer wieder zog sich der Sohn zurück, um in der Stille, in der vertrauten Zweisamkeit mit seinem Vater den Austausch zu suchen.

Im Johannesevangelium wird Jesus „Wort“, griechisch Logos, genannt. Papst Franziskus hat uns in seinem Angelus vom 2. Sonntag nach Weihnachten 2021 daran erinnert, dass das Wort im Allgemeinen benutzt wird, um zu kommunizieren,

um sich mitzuteilen. Demnach ist Jesus der lebendige Austausch!
Papst Franziskus deutet dies folgendermaßen: „… die Tatsache, dass Jesus von Anfang an das Wort ist, bedeutet, dass Gott von Anfang an mit uns kommunizieren will, er will zu uns sprechen.“[4] Der eingeborene Sohn des Vaters will uns sagen, wie schön es ist, Kind Gottes zu sein. Er will uns sagen, dass er uns schon von Anbeginn geliebt hat. Ist das nicht wunderbar: „Jesus ist das Wort, das ewige Wort Gottes, das schon immer an uns gedacht hat und danach verlangt, mit uns zu kommunizieren.“[5] Gott selbst wollte sich uns von Anfang an mitteilen.

Um dies zu tun, ging er über die Worte hinaus. Das ewige Wort wurde Fleisch und wohnte unter uns (Joh 1,14). Um uns dies noch begreifbarer, greifbarer zu machen, nahm er einen menschlichen Leib an, vereinigte sich in einer unüberbietbaren Weise mit der menschlichen Natur, ER vereinigte die menschliche mit der göttlichen Natur!
Christus nahm einen menschlichen Leib an, um uns seine Liebe greifbar zu machen.
Betrachten wir dieses Geschenk, das uns in den Krippen an Weihnachten veranschaulicht wird!

---

[4] Angelus vom 3.1.2021.

[5] Ebd.

Eucharistie – Einswerden mit IHM

Um uns seine Liebe noch greifbarer, begreifbarer zu machen, nahm Christus einen menschlichen Leib an.
Um uns in seiner unbeschreiblichen Liebe immer nahe zu sein, schenkt sich uns Christus im eucharistischen Leib.
Um uns ganz in seine unendliche Liebe hineinzunehmen, schenkt sich uns Christus, schenkt ER uns seinen Leib. Um uns ganz zu durchdringen, schenkt ER uns seinen geisterfüllten Leib. Im eucharistischen Leib schenkt ER uns seinen geisterfüllten Leib, damit der Heilige Geist uns ganz durchdringen kann. Auf diese Weise kann uns die göttliche Liebe, die keine Grenzen kennt, durchdringen.
Die menschliche, begrenzte Liebe wird von der Liebe, die keine Grenzen kennt, durchdrungen, von ihr überhöht und überschritten, wie Hans Urs von Balthasar sagt[6].
Das geisterfüllte Fleisch kann als Brot ganz in uns eingehen und sein Geist uns ganz durchdringen.

Es ist nach den Worten von Pater Hans Buob SAC ein Einswerden mit Christus in einer personalen Verbindung. In der Eucharistie vollzieht sich eine Verbindung mit dem Leib Christi in engster Weise. Wir werden mit ihm eins. Er lebt in uns und wir leben durch ihn. „Die sakramentale Verbindung wird zur personalen Union“[7], zur personalen Vereinigung.
In der Kommunion werden wir ganz eins mit Christus in einer unüberbietbar engen Verbindung; es ist eine Vereini-

[6] Vgl. Balthasar, Hans Urs von: Eucharistie als Gabe der Liebe. Freiburg/Br. 1986, 3.

[7] „Die sakramentale Verbindung wird zur personalen Union“, Buob, Hans: Biblische Predigten zu den Sonntagsevangelien. Lesejahr B. Hochaltingen 2011, 313.

gung des Christen mit Christus in einer unfassbaren Weise. Es ist ein gegenseitiges Durchdringen, ohne dass die Personalität aufgegeben wird. „Weder gibt Jesus sein Person-Sein auf“[8], noch gibt es der Empfänger des Leibes Christi auf. Für diese gegenseitige Durchdringung „ohne Aufgabe der Personalität gibt es im irdischen und menschlichen Bereich nichts Vergleichbares“; „es ist einmalig, wie wir mit Christus eins werden“[9] – so Pater Buob.

Auch das II. Vatikanische Konzil betont nachdrücklich, dass wir in der Eucharistie wirklich „Anteil am Leib des Herrn [erhalten] und … zur Gemeinschaft mit ihm … erhoben“ werden (LG 7). Im eucharistischen Leib erhalten wir SEINEN verwandelten Leib, den Leib des HERRN. Der HERR vereinigt sich mit uns in einer unüberbietbaren Weise mit seinem Leib und wir werden von seinem Heiligen Geist durchdrungen.

Danksagung

Als Antwort auf diese übergroße Liebe sind wir eingeladen zu danken, Gott zu danken, der sich uns in der Eucharistie ganz schenkt, zu danken in einem liebenden Austausch, indem wir BEI IHM sind!
Wir müssen dabei nicht viele Worte machen. Wir dürfen IHM sagen, wie sehr wir uns nach IHM sehnen und EINS werden wollen mit IHM.

---

[8] Ebd.

[9] Ebd.

Sagen wir ihm ruhig alles, was uns drückt und zwickt! Strecken wir uns mit unserer ganzen Sehnsucht nach IHM aus! Öffnen wir uns für SEINE Liebe!
Nutzen wir die Zeit der Kommunion, der Vereinigung mit IHM – auch in der geistigen Kommunion –, um tiefer in IHN und in SEINE unendliche Liebe einzutauchen. Nutzen wir diese Gnadenzeit, um mit IHM persönlich zu reden, IHM alles hinzuhalten, was uns beschäftigt, um IHM alles hinzuhalten, was uns freut oder gar belastet.

Nehmen wir Maria, die Gnadenvermittlerin, hinzu, dass sie ergänzt, was uns an Hingabe und Vertrauen fehlt.

Wenden wir uns wirklich mit einer ganz großen Offenheit und einem blinden Vertrauen an IHN, der in diesem Moment zu uns kommen und uns mit seiner Fülle beschenken will! Seien wir wirklich bei IHM! Seien wir bei dem, der sich für uns am Kreuz hingegeben hat, um uns zu erlösen! Seien wir bei dem, der uns unendlich liebt und sich so sehr nach uns sehnt!

Seien wir ganz offen für das, was ER uns schenken will!

Die Zeit nach der Kommunion ist die kostbarste Zeit der persönlichen Begegnung mit dem uns unaussprechlich liebenden Gott.

ER will uns begegnen. ER möchte uns heilen. ER möchte uns heilend begegnen.
Nutzen wir diese Chance und nehmen wir uns mindestens fünf Minuten wirklich Zeit für IHN! Tauchen wir ein in seine Liebe!
Schenken wir sie IHM nach der Heiligen Messe als eine Zeit der Danksagung!

Von vielen Heiligen wird berichtet, dass sie genau in dieser Zeit der persönlichen Begegnung mit dem HERRN wesentliche Anstöße erhalten haben.
So hat in dieser Zeit der Danksagung der hl. Vinzenz Pallotti am 9. Januar 1835 den Anstoß zur Gründung der Vereinigung des Katholischen Apostolates erhalten.
Auch vom hl. Johannes Paul II. wird berichtet, dass er nach der Heiligen Messe – so weit möglich – 15 Minuten dankend beim Herrn verweilte. Ich bin sicher, dass er genau in dieser Gnadenzeit die Kraft für sein nicht einfaches Pontifikat und seine so wertvollen Anstöße erhalten hat.
Nutzen wir daher diese Gnadenzeit nach der Kommunion als unsere kostbarste Zeit zu einem persönlichen Verweilen beim HERRN! Tauchen wir ein in SEINE Liebe!

Der Blick

Heute sind viele Menschen durch Corona und andere Umstände in der Tat freiwillig oder unfreiwillig ALLEIN. Aber es ist das eine, allein zu sein und das andere, EINSAM zu sein. Seien wir ruhig allein, aber seien wir NICHT einsam!

Pflegen wir die Zweisamkeit mit dem, der uns so unendlich liebt!

Pflegen wir einen liebevollen Austausch mit dem in uns wohnenden Gott!

Pflegen wir eine liebevolle Zweisamkeit mit dem, der für uns gelitten hat und für uns ans Kreuz ging!

Vielleicht ist es eine Hilfe, sich die Zweisamkeit mit Gott bildlich vorzustellen?

Es gab im Jahr der Barmherzigkeit ein sehr schönes Mottobild. Es zeigt Jesus, wie er einen Menschen um seinen Kopf gewunden auf seinen Schultern trägt – ähnlich der Darstellungsweise des guten Hirten, der ein Schaf auf seinen Schultern trägt. Auf diesem Bild des Barmherzigkeitsjahres trägt Jesus einen Menschen auf seinen Schultern. Der Mensch liegt gewunden um den Kopf Jesu und Jesus umfasst von beiden Seiten die herunterhängenden Arme und Beine dieses Menschen. An Jesu Händen sind deutlich seine Wundmale zu sehen.

Das Besondere an diesem Bild aber ist, dass der Kopf dieses Menschen sich an Jesu Kopf schmiegt und ihre einander zugewandten Augen so verschmelzen, dass ein Auge ganz eins mit dem Auge des anderen ist. Ein Auge Jesu ist zugleich das Auge des Menschen. Beide sind ganz im Blick des anderen und zugleich fällt der Blick des einen mit dem Blick des anderen zusammen.

Vielleicht ist es eine Hilfe, sich diesen Blick, der ganz eins ist mit Jesu Blick, zu eigen zu machen?

Ja, wir sind immer IM Blick Gottes! Wir sind immer IN SEINEM liebenden Blick! Und wir dürfen uns SEINEN Blick ganz zu eigen machen!

Im Ps 16,6 hören wir den Psalmisten sagen:

> „Ich habe den Herrn beständig vor Augen, er steht mir zur Rechten, ich wanke nicht. Darum freut sich mein Herz und frohlockt meine Seele“ (Ps 16,6).

Üben wir uns durch das Wiederholen dieser Worte darin, es dem Psalmisten gleichzutun:

> „Ich habe den Herrn beständig vor Augen, er steht mir zur Rechten, ich wanke nicht. Darum freut sich mein Herz und frohlockt meine Seele" (Ps 16,6).

IM Blick Gottes kann unser Herz doch nur jubeln und sich freuen! Wir sind stets IN Gottes liebendem Blick!

Ich selbst muss eingestehen, dass auch ich mich immer wieder neu darin einüben muss, diese Vertrautheit mit Gott zu pflegen. Es bedarf immer wieder neu des Austausches und des Umganges mit IHM, den meine Seele liebt.

Zu diesem Leben MIT Gott sind ALLE Menschen, aufgrund der Taufe, aufgrund ihrer Gotteskindschaft, berufen.

JEDER, nicht nur der einsame Mensch, ist eingeladen, MIT Gott zu leben, mit IHM in Beziehung zu treten und diese Gemeinschaft immer mehr zu vertiefen.

Jeder ist mit der Taufe, mit der Gotteskindschaft, dazu berufen, nicht nur Kind Gottes zu sein, sondern auch wie ein Kind den vertrauensvollen Umgang mit seinem Papa zu pflegen.

Was aber hält uns davon ab, IHM alle unsere Sorgen und Nöte, unsere Freuden und Leiden zu sagen?

Was aber hält uns davon ab, wie ein Kind auf dem Schoß des Vaters zu sitzen und mit IHM vertrauensvoll zu plappern?

Der Vater im Himmel sehnt sich so sehr nach unserer Liebe! Pflegen wir diesen Austausch!

Manch einer könnte einwenden, dass dies gar zu menschlich ist. Doch hat dieser unendlich liebende Gott selbst einen menschlichen Leib angenommen, um uns nahe zu sein!

Pflegen wir daher einen vertrauten Umgang mit IHM!
Pflegen wir eine vertraute Zwiesprache mit IHM!
Pflegen wir die Zweisamkeit mit IHM!
Haben wir IHN stets im Blick!

Was hält uns davon ab, auf diese unendliche Liebe zu antworten? Was hält uns davon ab, aus der scheinbaren Einsamkeit in der Welt herauszutreten, hinein in eine Zweisamkeit mit Gott? Manch einer könnte einwenden, dass Gott ja auch nicht antwortet. Tut er das wirklich nicht?

Ich gebe zu, dass es im Lärm der Welt nicht einfach ist, SEINE Stimme zu hören. Gott wohnt in der Stille. Im Schweigen und Lauschen nach IHM erst vermögen wir IHN zu hören. Der große Prophet des Alten Testamentes, Elija, fand Gott nicht im gewaltigen, heftigen Sturm, nicht im Erdbeben, nicht im Feuer, sondern im leisen Säuseln (1 Kön 19,11f). Er fand Gott in der Stille.

Dietrich Bonhoeffer schrieb einmal treffend: „Es liegt im Stillesein eine wunderbare Macht der Klärung, der Reinigung und der Sammlung."[10]

Die Stille bereitet mich, mich IHM und SEINEM Blick zuzuwenden.

Suchen wir Zeiten der Stille in unserem Leben!
Haben wir den Mut, IHN in der Stille zu suchen, IHN, den unsere Seele liebt!

[10] DBW Bd. 5, 68.

Hineingenommen in die dreifaltige Liebe

Doch machen wir es vielleicht noch konkreter:
Mit Jesu Auferstehung und Geistsendung haben wir eine neue Gemeinschaft mit IHM, eine neue, innere Gemeinschaft mit IHM, eine neue, geistige und tiefere Gemeinschaft mit Jesus, die noch inniger ist, als sie die Jünger während Jesu dreijähriger Wander- und Verkündigungszeit hatten. Diese Gemeinschaft mit IHM ist ein Einssein mit Jesus, wie ER mit dem Vater eins ist. Es ist eine Vertrautheit, die wir pflegen dürfen, die viel tiefer ist als die Vertrautheit, welche die Jünger während Jesu irdischem Leben, seiner dreijährigen Lehrtätigkeit, erfahren durften. Denn damals war, wie wir in Joh 7,39 hören, der Geist noch nicht gegeben, weil Christus noch nicht verherrlicht war.
Indem wir eine Beziehung zu Jesus pflegen, uns auf IHN einlassen, leben wir eine Gemeinschaft mit dem göttlichen Sohn. Es ist zugleich eine Gemeinschaft mit ALLEN göttlichen Personen, wie wir in Joh 14, 23 hören:

> „Wenn jemand mich liebt,
> wird er mein Wort halten;
> mein Vater wird ihn lieben
> und wir werden zu ihm kommen
> und bei ihm Wohnung nehmen."

Wir sind hineingenommen in den innergöttlichen Liebesfluss, in den Liebesfluss zwischen Vater und Sohn durch den Heiligen Geist. Ja, lassen wir das einmal in unser Herz hinein!
Gott lebt IN UNS! Seit der Taufe wurden wir zum Tempel des Heiligen Geistes.

Wir wurden Kinder Gottes
und Gott wohnt IN UNS!
SEINE Herrlichkeit IST IN UNS!

Doch diese Gemeinschaft muss auch gepflegt werden. Daher sagt Angelus Silesius:

„Halt an, wo läufst du hin,
der Himmel ist in dir;
Suchst du Gott anderswo,
du fehlst ihn für und für.“[11]

Ja, Gott ist in uns, Seine Herrlichkeit ist in uns!
Kehren wir BEI IHM ein!

Beten wir mit der hl. Elisabeth von der heiligsten Dreifaltigkeit:

„Mein ganzes Bemühen besteht darin,
in mein Inneres einzugehen
und mich in jene Drei zu verlieren, die dort sind!“[12]

„Gib meiner Seele den Frieden, mache aus ihr einen Himmel, deine geliebte Wohnung und den Ort deiner Ruhe; möge ich dich dort nie allein lassen, sondern ganz und gar dort sein, ganz wach in meinem Glauben, ganz Anbetung, ganz deiner schöpferischen Tätigkeit hingegeben. …

[11] Gedicht „Cherubinischer Wandersmann“, in: Angelus Silesius: Sämtliche poetische Werke in drei Bänden. Bd. 3, Hrsg. u. eingeleitet v. Hans Ludwig Held. München 1952, 47.

[12] Brief von Ende September 1903; http://www.kathpedia.com/index.php/Elisabeth_Catez vom 10.08.2020.

O ewiges Wort, Wort meines Gottes, ich will mein Leben damit zubringen, dir zu lauschen. Ich will mich ganz gelehrig machen, um alles von dir zu lernen; und dann, durch alle Nächte, alle Leere, alles Unvermögen hindurch will ich immerdar auf dich schauen und unter deinem großen Lichte bleiben. …

O meine Drei, mein Alles … ."[13] Amen!

[13] Gebet „Elevation à la Trinity" vom 21. November 1904; http://www.kathpedia.com/index.php/Elisabeth_Catez vom 10.08.2020.

Gebet als liebende Beziehungspflege

Wie können wir immer mehr aus der Einsamkeit menschlichen Lebens in die Fülle der Zweisamkeit mit Gott eintreten?
Dies ist wohl nicht ganz einfach. Es ist ein Weg, der bis zum Lebensende andauern kann. Es ist ein Einüben, immer mehr aus dem eigenen Kreis der Selbstbezogenheit herauszutreten – hin zu einem DU, in eine Beziehung mit dem lebendigen Gott, in eine Zweisamkeit mit IHM, dem uns unendlich liebenden Gott.

> „Kennst du wirklich Jesus, den Lebendigen, nicht von Büchern, sondern daher, dass du bei Ihm bist in deinem Herzen?“[14]

Diese Frage stammt von niemand Geringerem als von der hl. Mutter Teresa. In aller Klarheit stellt sie die Frage, ob wir eine lebendige Beziehung zu Jesus haben.
So dürfen wir uns immer wieder aufs Neue fragen, ob wir Jesus kennen und eine Freundschaft mit ihm pflegen. Mutter Teresa rät dazu, IHN in unserem Herzen zu besuchen und BEI IHM zu SEIN.
Dies ist sicherlich nicht ganz einfach. Es muss immer wieder aufs Neue eingeübt werden, mit Gott zu reden, mit ihm eine Beziehung zu pflegen. Ich muss in das Gespräch mit Gott eintreten und es pflegen. Ich muss mich immer wieder darin einüben, meine Zweisamkeit mit Gott zu pflegen!

[14] Mutter Teresa: Novene zur seligen Teresa von Kalkutta. Wien o.J., 4.

Es ist wohl wie bei menschlichen Beziehungen: Es bedarf der regelmäßigen Einübung in einen Austausch und in ein Miteinander.

Es bedarf einer Beziehungspflege,
es bedarf eines regelmäßigen Austausches – auch mit Akten der Liebe,
es bedarf einer regelmäßigen Einübung in die Zweisamkeit.

Wie wichtig aber das Gebet, das regelmäßige Gespräch mit Gott ist, bringt Mutter Teresa treffend auf den Punkt. Sie sagt, dass wir ohne Gebet verdorren, ja, kein Leben mehr in uns ist. Das Bild vom Weinstock aufgreifend, sagt sie: „Wenn wir das Gebet vernachlässigen, wenn der Zweig also nicht mit dem Weinstock vereint bleibt, wird er verdorren. Dieses Einssein des Zweiges mit dem Weinstock ist das Gebet.“[15] Wunderbar! Das Gebet ist die Verbindung mit Christus, dem Weinstock! Um aber diese Verbindung aufrechtzuerhalten, empfiehlt sie nachdrücklich: „Wenn du aufrichtig beten lernen willst, halte das Schweigen.“ Ja, in der Tat, als beste Hilfe zum Beten empfiehlt sie das Schweigen!

Es empfiehlt sich, für das Gespräch mit Gott ganz konkret in die Stille zu gehen, einen ruhigen Platz zu suchen. Dann heißt es, still zu werden, denn Gott ist ein Freund der Stille.

ER wartet auf uns in der Stille,
um zu uns zu sprechen und uns zuzuhören.

Mutter Teresa formuliert dies wieder wunderbar:

„In der Stille unserer Herzen spricht Gott von seiner Liebe; mit unserer Stille erlauben wir Jesus, uns zu lieben.“[16]

---

[15] Mutter Teresa: Beschaulich inmitten der Welt. Freiburg/Br. [3]1990, 101.

[16] Mutter Teresa: Novene zur seligen Teresa von Kalkutta. Wien o.J., 2.

Gebet als Hören im Schweigen

Pater Leo Maasburg, der Mutter Teresa oft begleitete, nennt als ihren „zentralen Satz" ihre Beschreibung von Gebet:

> „Gott spricht in der Stille unseres Herzens und wir lauschen. Dann, aus der Fülle unseres Herzens, sprechen wir, und Er lauscht. Und das ist Gebet."[17]

Auch an anderer Stelle mahnte Mutter Teresa eindringlich, auf Gott im Schweigen zu hören, denn wenn das Herz von anderen Dingen voll ist, kann man Gottes Stimme nicht hören. Lauscht man aber in der Stille des Herzens nach der Stimme Gottes, dann ist das Herz voll von Gott, wie Maria voll der Gnade gewesen ist.

Gespräch mit Gott

Manche könnten nun einwenden, man könne Gott nicht so deutlich hören.

Wenn man regelmäßig und oft mit IHM spricht und sich immer mehr auf IHN ausrichtet, dann kann man IHN immer deutlicher verstehen. Dafür ist es eine große Hilfe, sich aus dem Lärm in die Stille zur Zweisamkeit zurückzuziehen.

Gott antwortet auch durch äußere Fügungen und Ereignisse, durch Gedanken oder innere Impulse, die er uns eingibt, oder einfach durch ein Wort der Schrift. Es ist ein Übungsweg, wie auch unser Christsein ein Lernweg ist. Es ist ein Übungsweg, MIT IHM zu leben.

---

[17] Maasburg, Leo: Mutter Teresa. Die wunderbaren Geschichten. München 2010, 103.

„Mit Gott ist dein Leben nicht mehr einsam!“[18]

Diesen treffenden Satz sprach Kardinal van Thuân, der für 13 Jahre im Gefängnis saß – davon 9 Jahre in Isolationshaft. „Mit Gott ist dein Leben nicht mehr einsam!“

Auf einem der Kalenderblätter, die man aus seiner Gefängniszelle herausschmuggelte, bringt er es ganz einfach und knapp auf den Punkt: „‚Wo ist Gott?‘ ‚Gott ist im Himmel‘. So die Antwort, die man den Kindern leider im Religionsunterricht gibt. ‚Gott ist in dir‘, wie wahr, wie beglückend und lebensnahe!“[19]

In der Taufe und Firmung hat Gott in uns Wohnung genommen. Er lebt IN mir! Wenn er mir so nahe ist, dann lebt er auch stets MIT mir. Er erlebt alle meine Freude und mein Leid. Er teilt allen Kummer und Schmerz mit mir.

ALLES ist auch SEINE Freude und SEIN Leid.
Mein Kummer und Schmerz
ist auch SEIN Kummer und Schmerz!

Es ist es eine Hilfe, den Tag immer wieder zu unterbrechen und sich ganz auf IHN auszurichten, sich in seinen Blick zu stellen. IHM alle Sorgen und Freuden zu sagen. Ganz BEI IHM zu sein.

Pflegen wir diesen Umgang mit IHM! Erneuern wir die in der Taufe erhaltene Gnade der Gotteskindschaft durch Gebet und durch ganz bewusste Akte der Hinwendung. Nehmen wir täglich das Weihwasser, das wir ja sicher schon in unserer Wohnung aufgestellt haben, nehmen wir es ganz bewusst und erneuern wir beim Kreuzzeichen mit dem Weihwasser die

[18] Nguyên van Thuân, Franz Xaver: Hoffnungswege. Botschaft der Freude aus dem Gefängnis. Vallendar, ^{3}2014, 138.

[19] Ebd.

Taufe – das Kindsein Gottes und das IHM-ganz-Gehören! Das Weihwasser soll uns aber auch daran erinnern, dass wir in den Liebesfluss des dreifaltigen Gottes hineingenommen sind.

Erneuern wir beim Bekreuzigen
dieses Hineingenommen-worden-Sein
in diese dreifaltige Liebe!
Erneuern wir unser JA, unser JA, Gott zu gehören!

Pflegen wir den regelmäßigen Austausch im persönlichen Gespräch mit IHM! Ein vertrauensvoller und regelmäßiger Umgang mit IHM führt zu einem immer vertrauteren Umgang und einem immer besseren Verstehen.
Nehmen wir uns Jesus zum Vorbild! Wie eindringlich sprach er im Johannesevangelium im sogenannten Hohepriesterlichen Gebet (Joh 17) mit seinem Vater! Indem Jesus uns teilhaben lässt an seinem vertrauensvollen Umgang mit dem Vater, können wir lernen, es ihm gleich zu tun. Wie oft zog auch er sich zurück, um allein mit seinem Vater zu sein. Er zog sich immer wieder zurück, um im Gespräch mit seinem Vater, im Gebet, die Zweisamkeit zu pflegen. Ja, nehmen wir uns Jesus zum Vorbild! Üben wir – wie Jesus – den Austausch, das Gespräch mit unserem Vater im Himmel!

Manch einer könnte sich scheuen, vor Gott alles auszusprechen, mit IHM wirklich einen vertrauten Umgang zu pflegen. Es geht bei diesem vertrauten Umgang nicht darum, alle Ehrfurcht oder allen Respekt aufzugeben. Nein, es geht darum, uns Jesu Umgang mit seinem Vater zum Vorbild zu nehmen.

Und ist es nicht eine Form, Gott zu verherrlichen, IHN mit Glauben und Vertrauen anzusprechen und von IHM viel zu erwarten?

Beten als das Loslassen seiner selbst und Hinwendung zum Du

Bischof Hemmerle hat dazu sehr schöne Gedanken formuliert. Für ihn ist Beten ein Loslassen seiner selbst und eine bewusste Hinwendung zum „Du“ Gottes. Wörtlich sagt er:

> „Gott sagt so lebendig und so ganz Du zu uns, daß auch wir zu ihm Du zu sagen vermögen, ein Du, das hört und ernst nimmt, wie nur jemand uns zu hören und ernst zu nehmen vermag.“[20]

Kann man auf diese vorbehaltlose Liebe Gottes, diese ohne Einschränkung annehmende Liebe, anders antworten als zu IHM „Du“ zu sagen? Vielleicht haben Sie dies schon einmal erlebt, dass jemand Ihnen beim Gespräch in die Augen schaut und ganz da ist, sie ganz ernst nimmt und sie annimmt, so als seien sie das Wichtigste auf der Welt. Genau so hört Gott zu. Genau so nimmt Gott uns ernst, ist ER BEI uns, lauscht ER ganz aufmerksam unseren Worten, ist ER einfach ganz Ohr!

> Ich darf IHM wirklich ALLES
> frei und vertrauensvoll sagen!

Gott hat sich im Alten Testament offenbart als ein Du, zu dem wir eine Beziehung aufbauen dürfen. Er ist schließlich auf die Erde gekommen, um uns von der unermesslichen Liebe des Vaters zu künden. Jesus kam in die Welt, um uns noch näherzukommen. Er kam in die Welt, um den Menschen durch sein Erlösungswerk die Kindschaft zu schenken. Er kam, um uns den Heiligen Geist zu senden und uns

---

[20] Hemmerle, Klaus: Das Wort für uns. Meditationen. Freiburg/Br. [4]1977, 90.

schließlich das unfassbare Geschenk SEINER SELBST in der Eucharistie zu machen. Nehmen wir diese Gnadengeschenke an? Treten wir wirklich mit IHM in Beziehung! Bitten wir um die Hilfe des Heiligen Geistes! Pflegen wir den Austausch mit IHM, besonders auch nach dem Empfang seines Leibes!

Es geht bei dieser Ermutigung zu einem wirklich vertrauensvollen Umgang mit dem lebendigen Gott nicht darum, Gottes Größe klein zu machen.

Gott hat sich immer nach dem vertrauensvollen Umgang mit dem Menschen gesehnt. Immer wieder finden sich dazu bereits im Alten Testament Bilder eines ehelichen Bundes zwischen Gott und seinem Volk; es finden sich Vergleiche des Volkes als einer Braut, die Gott sich antrauen will. So heißt es bei Hosea nach langen Klagen über die Untreue seines Volkes:

> „Darum will ich selbst sie verlocken.
> Ich werde sie in die Wüste gehen lassen
> und ihr zu Herzen reden. Ich verlobe dich mir auf ewig;
> ich verlobe dich mir um den Brautpreis von Gerechtigkeit und Recht,
> von Liebe und Erbarmen, ich verlobe dich mir
> um den Brautpreis der Treue:
> Dann wirst du den HERRN erkennen." (Hos 2,26.21-22)

Diese Passagen sprechen in aller Deutlichkeit von Gottes sehnsuchtsvoller Liebe nach dem Menschen. Er sehnt sich nach der Liebe des Menschen. Nichts wünscht er sich so sehr, als die treue und antwortende Liebe des Menschen.
Doch immer wieder hat sich der Mensch von Gott abgewandt. ER aber suchte, ihn mit Banden der Liebe an sich zu

binden. Umso andauernder ist Gottes Klagen über sein Volk, das andere Götter sucht. Doch immer wieder erinnert er es an seine Liebe:

„Mit menschlichen Fesseln zog ich sie,
mit Banden der Liebe. Ich war da für sie wie die,
die den Säugling an ihre Wangen heben.
Ich neigte mich ihm zu und gab ihm zu essen" (Hos 11,4).

Die Sprache und Bilder sind menschliche Bilder, denn der Mensch kann nur in diesen Bildern die Bedeutung des Gesagten erfassen. Dies ist seine Sprach- und Verstandeswelt. So findet sich auch immer wieder die Erinnerung daran, dass Gott nicht ein Mensch ist. Er ist Gott, er ist der Heilige, er ist fernab jeden menschlichen Verstehens. Er ist größer!

Jedes Reden von ihm ist anthropomorph, in menschlichen Kategorien gedacht. Gott handelt nicht nach menschlichen Verhaltensweisen. Auch seine Liebe und sein Mitleid übersteigen menschliches Verstehen:

„Gegen mich selbst wendet sich mein Herz,
heftig entbrannt ist mein Mitleid.
Ich will meinen glühenden Zorn nicht vollstrecken
und Efraim nicht noch einmal vernichten.
Denn ich bin Gott, nicht ein Mensch,
der Heilige in deiner Mitte.
Darum komme ich nicht in der Hitze des Zorns" (Hos 11,8f).

Gott handelt nicht wie ein Mensch! SEIN Erbarmen ist unbegreiflich! Sein Erbarmen, seine Barmherzigkeit ist wie viele Mutterschöße. Im Hebräischen ist es das selbe Wort. Der Plural von Mutterschoß wird zugleich auch mit Erbarmen übersetzt.

Würde des Menschen

In seiner übergroßen Liebe hat Gott dem Menschen eine ungewöhnliche Würde geschenkt. Davon spricht Psalm 8. Dort hören wir von der Größe und Herrlichkeit des Schöpfers und zugleich vom Glanz und der Ehre des Menschen. Gerade im Blick auf die Erhabenheit Gottes erscheint der Mensch klein. „Was ist der Mensch, dass du an ihn denkst", spricht der Psalmist zurecht! Doch dann geht er zur Würde des Menschen über: Gott hat dem Menschen die ganze Schöpfung zu Füßen gelegt! Und schließlich heißt es in Ps 8,6 sogar, dass Gott den Menschen „nur wenig geringer gemacht hat, wenig geringer als Gott", fast wie die Engel. Es geht hier bei der Betonung der großen Würde des Menschen um viel mehr! Gott hat den Menschen unfassbar groß geschaffen! Denn Gott hat dem Menschen die Freiheit, die Vernunft und den Willen geschenkt. Und Gott hat den Menschen dazu angelegt, mit IHM in Beziehung zu treten! Wir Menschen sind dazu angelegt MIT Gott in Beziehung zu treten, MIT IHM in Beziehung zu LEBEN, mit IHM eine Beziehung zu pflegen und mit IHM, dem lebendigen, uns unendlich liebenden Gott, in Gemeinschaft zu leben! Was für ein großartiges Geschenk, was für eine großartige Berufung!

Gott hat uns dazu geschaffen, MIT IHM
in Zweisamkeit zu leben!

Betrachten wir dies und geben wir Gott eine Antwort!

Eine wirkliche Expertin des Gebetes, die Kirchenlehrerin Teresa von Ávila, empfiehlt für dieses Leben MIT Gott ein freies, vertrautes Sprechen mit dem lebendigen Gott. Mögliche Einwände gegen ein solches ungezwungenes Sprechen mit dem Herrn räumt sie folgendermaßen aus:

> „Warum soll es euch an Worten fehlen, mit Gott zu reden? Glaubt das nicht! … Denn nur mangelnder Umgang bewirkt, daß man sich entfremdet und mit dem anderen nicht mehr zu reden weiß."[21]

Sind das nicht mahnende Worte? „Nur mangelnder Umgang bewirkt, daß man sich entfremdet und mit dem anderen nicht mehr zu reden weiß" (ebd.). Diese Erfahrung kennen wir aus unseren rein menschlichen Beziehungen. Wenn man sich entfremdet, weiß man in der Tat nicht mehr miteinander zu reden.

Für die hl. Teresa aber gibt es wirklich nichts, das man nicht in vertrauter Weise mit dem Herrn besprechen kann. Sie empfiehlt immer wieder, auf den Herrn zu schauen, sei es auf ein Bild, sei es in seinem Innern, und mit ihm ganz unverblümt zu sprechen. Dazu ergänzt sie:

> „Damit meine ich jedoch keine fertigen Gebete, sondern freies Sprechen, wie euer Herz es euch eingibt; denn das schätzt er sehr hoch."[22]

Es sind nicht viele Worte notwendig

Hier muss ich einen persönlichen Einwurf machen: Ich habe manchmal den Eindruck, dass das rein mündliche Beten vorformulierter Texte die Gefahr in sich birgt, dass keine persönliche Gottesbeziehung aufgebaut wird. Es wird viel ausgesprochen, aber keine persönliche Beziehung zum DU

[21] Teresa von Jesus: Weg der Vollkommenheit. Leutesdorf ^{3}1998, Kapitel 26,9.

[22] Ebd., Kapitel 26,6.

Gottes aufgebaut! Auch Pater Hans Buob SAC moniert in seinem Buch zum Gebet, dass beim mündlichen Gebet die Gefahr bestehe, dass es nicht zu einer persönlichen Entscheidung komme und zu oberflächlich bleibe[23].

Ich spreche dieses Problem an, weil es wirklich ein Hindernis sein kann für eine echte Gottesbeziehung.
Zugegeben, in Phasen der Trockenheit kann es eine große Hilfe sein, langsam ein Gebet wie das „Vaterunser" zu sprechen.
Bei dem Gesagten geht es nun aber darum, wirklich regelmäßig das auszusprechen und frei zu formulieren, was uns das Herz eingibt.
Auch bei Matthäus finden wir im 6. Kapitel, dass es nicht darum geht zu „plappern wie die Heiden, die meinen, sie werden nur erhört, wenn sie viele Worte machen" (Mt 6,7). Es geht nicht um wortreiches Geplappere mit der Haltung, dass Gott erst durch viele Worte bewegt wird. NEIN, Gott weiß um alles. Er muss nicht durch viele Worte auf unsere Anliegen aufmerksam gemacht werden. Gott hört, lauscht und sehnt sich nach unserem vertrauensvollen, liebenden Austausch mit IHM. Dafür empfiehlt es sich immer, zuerst sich SEINE Gegenwart bewusst zu machen, sich ganz auf IHN auszurichten. Weiter rät Teresa von Ávila, die ganze „Aufmerksamkeit mehr auf ihn … als auf die [eigenen] Worte" zu richten[24].

An dieser Stelle können die Hilfen zur Gebetsentwicklung leider nicht weiter vertieft werden. Der hl. Johannes vom

[23] Vgl. Buob, Hans: Tür nach innen. Fremdingen 2001, 72.

[24] Teresa von Jesus: Weg der Vollkommenheit. Leutesdorf ^{3}1998, Kapitel 22,1.

Kreuz und die hl. Teresa von Ávila haben dazu aber neben vielen anderen Bedeutsames geschrieben[25].

Nur ein wichtiger Schritt zur Vertiefung des Gebetes soll hier kurz angesprochen werden. Die Lehrerin für die Gebetsentwicklung Teresa von Ávila mahnt in ihren geistlichen Unterweisungen nachdrücklich, sich allmählich vom rein mündlichen Gebet zu lösen, sich auf geschickte und sanfte Weise an das betrachtende Gebet zu gewöhnen und sich dieses schließlich zur festen Gewohnheit zu machen. Sie gesteht ein, dass dieses Nachsinnieren über ein Glaubensgeheimnis, dieses Betrachten einer Stelle der Heiligen Schrift der Übung bedarf, aber „unsäglichen Gewinn" bringt[26]. Hierfür wird eine Stelle der Heiligen Schrift betrachtet und darüber nachsinniert. Alternativ kann auch eine Stelle aus dem Leben Jesu im Rosenkranz oder dem Kreuzweg betrachtet werden. Diese Form des persönlichen Austausches mit Gott, die Betrachtung, ist eine wertvolle Form, Gott tiefer kennen- und lieben zu lernen und so immer mehr in eine Zweisamkeit mit IHM zu gelangen.

Allezeit beten

Wir haben gehört, wie wichtig das Beten als Grundlage jeder Verbindung mit dem Herrn ist. Wir dürfen einen vertrauten Umgang mit dem himmlischen Vater pflegen, IHN ansprechen als ein „Du".

---

[25] In neuerer Zeit eine sehr schöne Zusammenstellung: Buob, Hans: Tür nach innen. Fremdingen 2001.

[26] Teresa von Jesus: Weg der Vollkommenheit. Leutesdorf ^{3}1998, Kapitel 26,9.

Wie aber können wir in einen beständigen Austausch mit dem himmlischen Vater gelangen? Dazu ermutigt uns Papst Franziskus nachdrücklich nicht nur in seinem schönen, wirklich empfehlenswerten Schreiben „Gaudete et exsultate“. Auch in seiner Katechesereihe zum Gebet hat er am 10.2.2021 den Gläubigen nahegelegt, das ganze Leben mit Gebet zu durchdringen. Mit Nachdruck betont er, dass „unser tägliches Leben … vom Gebet durchdrungen sein“ müsse. Hierfür zieht er einen Vergleich mit dem Sauerteig: „Das Gebet ist der Sauerteig, mit dem wir unser ganzes Leben durchdringen sollen, auch die schlichten und alltäglichen Situationen. So können wir immer in der Gegenwart Gottes leben“, in der Gegenwart dessen, „der möchte, dass wir glücklich sind“.[27] Mit Nachdruck betont der Papst, dass das Gespräch mit Gott sich nicht auf die Gebetszeit beschränken solle. Nein, im Alltag, so schreibt er, geht „das Gespräch mit Gott weiter, alles ist in den Dialog mit Gott hineingenommen: Jede Freude ist Grund zum Lob, jede Prüfung Anlass zur Bitte um Hilfe an Gott“. Auf diese Weise wird „jeder Tag … mit allem, was er mit sich bringt, eine Gelegenheit zur Begegnung mit Gott“.[28]

Auf diese Weise dürfen wir immer mehr in eine Grundhaltung hineinwachsen und alles, was geschieht, in den Dialog mit Gott hineinnehmen: Jedes freudige Ereignis ist Grund zu danken, jedes schwierige ist Grund, Gott um Hilfe zu bitten. Durch diese Art des fortwährenden Gespräches mit Gott wird jeder Tag mit allem, was er mit sich bringt, eine Gelegenheit, Gott zu begegnen.

---

[27] Papst Franziskus: Generalaudienz vom 10.2.2021.

[28] Ebd.

Dies ist sicherlich ein Weg, der fortwährend eingeübt werden muss. Es bedarf der steten Einübung im Alltag. In seinem Schreiben „Gaudete et exsultate" betont der Papst ergänzend, dass diese Empfehlung aber nicht nur für einige wenige Privilegierte gelte, sondern vielmehr wirklich für alle. Alle sind dazu gerufen, eine intensive Gemeinschaft mit Gott zu leben.

Im Fluss des Alltags gibt es doch immer wieder Momente, die den Fluss unterbrechen. Sie sind eine wunderbare Möglichkeit für einen Akt der Hingabe. Sie gilt es zu nutzen und sich mit dem Herrn in einem inneren Akt der Hinwendung zu verbinden!

Im Gleichnis vom Richter und der Witwe in Lk 18,1 bittet Jesus selbst uns, allezeit im Gespräch mit dem Vater zu sein und darin nicht nachzulassen. Er spricht sogar von einer Notwendigkeit. Wörtlich lehrt er seine Jünger „dass es nötig ist, dass sie allezeit beten und nicht darin müde werden". Demnach ist es für alle, die Jesus nachfolgen, notwendig, allezeit – IMMER – zu beten und darin nicht müde zu werden. Es ist dies in der Tat eine nachdrückliche Mahnung, allezeit im Gespräch mit dem Herrn zu sein und darin nicht nachzulassen.

Auch der Apostel Paulus fordert in 1 Thess 5,17 dazu auf, ohne Unterlass zu beten. Wie aber ist es möglich, IMMER zu beten?
Die kirchliche Tradition kennt dafür das Jesus-Gebet oder auch Herzensgebet. Es ist das fortwährende Wiederholen von Gebetsanrufungen – wie klassisch:

„Herr Jesus Christus, erbarme dich meiner!"
„Herr Jesus Christus, erbarme dich meiner!"

Kern des Jesusgebetes ist es, dass ich durch das Wiederholen des Namens Jesu in Jesu Wesen eingeführt werde, in seine Heiligkeit. Es ist ein ständiges Festhalten Jesu in meinem Herzen, bis das Herz ganz aufgeht in Gott und Gott im Herzen.

„Herr Jesus Christus, erbarme dich meiner!"
„Herr Jesus Christus, erbarme dich meiner!"

Eine weitere wunderbare Form des immerwährenden Gebetes ist das Wiederholen der Psalmen. Auf diese Weise hat Jesus selbst in seiner Erdenzeit den Austausch mit seinem Vater gepflegt. Noch in seinen bittersten Stunden am Kreuz trägt ihn das Beten des Psalmes 22.

Das Schöne an dieser Form des Gebetes ist, dass sich in den Psalmen zu allen Ereignissen des Lebens etwas findet.

Einzelne Verse können in ihrer Eindringlichkeit und Tiefe kaum überboten werden: So beispielsweise in Psalm 63:

„Gott, du mein Gott,
DICH suche ich,
meine Seele dürstet nach dir.
Nach dir schmachtet mein Leib
wie dürres, lechzendes Land ohne Wasser.
Darum halte ich Ausschau nach dir im Heiligtum,
um deine Macht und Herrlichkeit zu sehen. …
Ich denke an dich auf nächtlichem Lager
und sinne über dich nach, wenn ich wache. …
Meine Seele hängt an dir" (Ps 63,2f.7.9).

Das Kauen und Wiederholen von Psalmversen oder anderen Stellen aus der Heiligen Schrift ist eine alte Form, die Nähe Gottes zu suchen. Auch die Wüstenmütter bzw. Wüstenväter pflegten dieses Wiederholen oder – wie sie es nannten – Kauen des Wortes Gottes!

Ein großer Segen ist es, täglich in der Heiligen Schrift, dem Liebesbrief Gottes an uns, zu lesen und sich einen Satz in den Tag mit hineinzunehmen, ihn zu „kauen“. Ein Beispiel hierfür könnten die Worte Jesu am Kreuz sein:

„Vater, in deine Hände befehle ich meinen Geist“ (Lk 23,46).
„Meine Seele hängt an dir“ (Ps 63,9).

Diese Gebetsrufe können auch miteinander verbunden werden – auch mit dem Jesusgebet, bei dem es sich ja ebenfalls um ein Wort Gottes handelt. Diese Anrufung geht zurück auf den Ruf des blinden Bartimäus in Mk 10,47.

Herr Jesus Christus, erbarme dich meiner!
Gott, du mein Gott, DICH suche ich (Ps 63,2)!
Herr Jesus Christus, erbarme dich meiner!

Zuhause sein

In Mk 1,29-31 hören wir, wie Jesus bei Petrus zuhause sein darf. Dort lesen wir, wie zu Jesus gesagt wird, dass die Schwiegermutter krank sei. Und Jesus heilt sie ohne viel Aufhebens. Wir sehen, wenn Jesus zuhause sein darf, geschieht Heil. Wenn Jesus einkehren und zuhause sein darf, dann kann vieles heil werden, dann wird alles heil.

So kann ich mich fragen: Darf auch bei mir die Quelle allen Heiles, darf auch bei mir Jesus zuhause sein? Darf er bei mir Wohnung nehmen?
Darf er bei mir schalten und walten?
Vertraue ich IHM?

Darf er in mir handeln?
Darf er in meinem Leben machen, was ER
in seiner unendlichen Sehnsucht nach Heil
gerne tun will?
Bin ich IHM hingegeben, darf er wirklich BEI MIR
zuhause sein?

In Joh 1,38 suchen die ersten Jünger Jesus und fragen ihn: „Meister, wo wohnst du“? Sie drücken damit ganz wunderbar aus, dass sie IHN, Jesus, meinen, dass sie IHN suchen. Jesus antwortet auf dieses Suchen der ersten Jünger mit „Kommt und seht“. Und sie folgen ihm und bleiben jenen Tag BEI IHM (Joh 1,39). Am nächsten Tag, nach diesem BEI-dem-Herrn-SEIN, ziehen sie völlig verwandelt los. Sie ziehen los, um begeistert davon zu berichten. Sie ziehen los, um weiterzugeben, was sie erlebt haben. Sie haben den langersehnten Messias gefunden. Sie haben die Quelle allen Heils gefunden und wollen nun, dass die anderen davon erfahren. Sie waren BEIM Messias. Sie haben das Heil gefunden und das hat sie verändert. Nehmen auch wir Wohnung BEI IHM, geben auch wir IHM Wohnung bei uns, so dass ER Heil schenken kann!

Vertrauen

Vertraue ich aber Jesus wirklich ganz?
Vertraue ich, dass ER in seiner unendlichen Liebe das Beste für mich will?
In uns sitzt vielfach das Misstrauen menschlicher Verletzungen. Doch wenn Gott die Liebe ist, wenn Jesus derjenige ist, der sich aus Liebe zu mir am Kreuz hingegeben hat, damit

ich das Heil habe, dann kann ER nur das Beste für mich wollen!
Ein solches Vertrauen in SEINE Liebe zeigt sich auch in meinem Gebet, in meinem Austausch mit IHM. Ich vertraue, dass ER alles in seinen Händen hat und alles vermag. Ich vertraue, dass ER das Beste für mich will. ER darf so handeln, wie ER es in seiner unendlichen Liebe als das Beste ansieht. Ich überlasse es wirklich IHM, wie er auf meine Bitte antwortet. Ich vertraue IHM!

Trockenheit

Nicht immer fällt es aber leicht, im Gespräch mit IHM zu sein und zu bleiben. Es gibt neben der bereits angesprochenen fehlenden Stille wirklich sehr viele und unterschiedliche Gebetsschwierigkeiten. Pater Buob SAC hat diese in seinem Buch „Tür nach innen" sehr schön zusammengestellt[29]. Gerade wenn uns das Beten, trotz unseres Bemühens, nicht zu gelingen scheint, unsere Gedanken unentwegt abschweifen oder uns Trockenheit überfällt, ist es nicht einfach zu beten. Dann wird Gebet zum Aushalten der eigenen Armut. „Herr, DICH suche ich", kann dann zu einem hilfreichen Gebet werden! Im Suchen nach IHM gerade in der Dürre, im Aushalten der Trockenheit zeige ich meine Sehnsucht und Liebe. Ich suche nicht mich, ich suche nicht nach Gefühlen, sondern ich suche IHN. Gerade wenn das Gebet ganz trocken wird, gerade wenn ich meine, es sei umsonst, dann ist mein Gebet wirklich selbstlos. Dann ist mein Su-

[29] Buob, Hans: Tür nach Innen. Hochaltingen 2001.

chen SEINES Angesichtes wirklich Ausdruck meiner selbstlosen Liebe.

Beim Gebet besteht die Gefahr, sich zu sehr am Gefühl zu orientieren. Gebet ist, wenn ich Gott Zeit schenke und meine eigene Begrenztheit aushalte – unabhängig von dem, was ich dabei spüre. Mutter Teresa erfuhr über 50 Jahre eine Trockenheit, einen Eindruck der Gottesferne. Dies gehörte zu ihrem Weg zur Heiligkeit.

Gebet ist auch das Aushalten der Versuchung das Gebet beenden zu wollen. Es ist ebenfalls auch das wiederholte Zurückholen meiner abgedrifteten Gedanken. Gebet ist auch das Aushalten meiner Gebetsleiden und das immer neue Suchen Gottes. Es meint, IHM Zeit zu schenken. Es meint, IHN immer aufs Neue zu suchen. Es meint das Aushalten meiner Armut und das sehnsuchtsvolle Ausstrecken nach IHM.

Vielleicht hilft es da, dass die Kongregation für die Glaubenslehre die Trockenheit als ein ganz normales Phänomen beschreibt. So heißt es in deren „Schreiben über einige Aspekte der christlichen Meditation" in Nr. 30: „Für den, der sich ernstlich Mühe gibt, werden freilich Zeiten kommen, da es ihm scheint, er würde in einer Wüste umherirren und trotz aller Anstrengungen nichts mehr von Gott ‚spüren'. Dann muss er wissen, dass diese Prüfungen niemandem, der das Gebet ernst nimmt, erspart bleiben."[30]
Weiter betont die Glaubenskongregation, dass solche Zeiten nicht mit der dunklen Nacht der Mystik verwechselt werden

[30] Kongregation über die Glaubenslehre: Schreiben über einige Aspekte der christlichen Meditation. Hrsg. von Sekretariat der DBK (VdAS 295). Bonn 1989, Nr. 30.

dürfen. Sie empfiehlt, gerade in solchen Phasen das Gebet als Ausdruck der „Treue zu Gott" weiterzuführen, als einen Ausdruck der Sehnsucht, in Gottes Gegenwart bleiben zu wollen – auch wenn man nichts dafür zurückerhalte. Dadurch zeige sich, „was der Betende eigentlich sucht: wirklich Gott … oder nur sich selber".[31]

Ist dies nicht wie bei menschlichen Beziehungen? Auch dort flauen die Hochgefühle ab und es wird tiefer – aber auch trockener. Gerade dann kann die wahre, tiefe und treue Liebe unter Beweis gestellt werden. Ähnlich muss auch die Zweisamkeit mit Gott gepflegt werden – auch wenn es trocken wird. Dazu braucht es auch manchmal Akte des Willens, Akte der Liebe, trotz Trockenheit.
Gerade wenn die begeisterten Gefühle des Anfangs nachlassen und Trockenheit einkehrt, genau dann kann die eigene Liebe unter Beweis gestellt werden.
Dies ist der ganz normale geistige Weg. Nach einer „Hoch-Zeit" wird es trockener und es braucht ein Mehr an Anstrengung, um sich Gott zuzuwenden. Jetzt wird die Liebe gereinigt – gereinigt von Egoismus und Habenwollen. Sie darf nun selbstlos werden. Ich kann Gott meine Zeit und Zuwendung schenken, ohne dass ich dabei etwas spüre. Das ist wahre Liebe: Hingabe, ohne etwas dafür zurückzuerhalten.
Mir selbst hilft in solchen Zeiten ein Beispiel, das Pater Hans Buob SAC immer wieder erzählt. Ich meine, es war die hl. Brigitta von Schweden, die sich bei Jesus beklagte, dass das Gebet so trocken geworden sei. Darauf habe ihr der Herr erklärt, dass, wenn sie bete und dabei viel spüre, dies ein Geschenk von ihm an sie sei. Wenn sie aber bete, ohne etwas zu spüren, dann

[31] Ebd.

sei dies ein Geschenk von ihr an IHN. Ist dies nicht eine Hilfe? Wenn wir beten, ohne etwas zu spüren oder zu erhalten, dann können wir unserem HERRN etwas von seiner Liebe zurückschenken, dann können wir ihm unsere Liebe zeigen, dann ist es wirklich selbstlose Liebe, die wir IHM schenken.

Wahre Liebe ist bedingungslose Hingabe

Wahre Liebe ist bedingungslose Hingabe. Mutter Teresa hat dies in ihrer pädagogischen Art mit einem schönen Vergleich aus ihrer direkten Umgebung veranschaulicht. Sie greift die Stromleitungen, welche die Straßen Indiens säumen, auf und vergleicht deren Drähte wie folgt: „Oft kannst du kleine oder große Drähte, neue und alte, billige und teure sehen, die die Straße säumen. Sofern nicht und bevor nicht Strom durch sie hindurchfließt, gibt es kein Licht. Der Draht, das sind du und ich! Der Strom ist Gott! Wir haben die Macht, den Strom durch uns durchfließen zu lassen, uns gebrauchen zu lassen und das Licht der Welt", JESUS, „zu erzeugen … – oder uns zu weigern, gebraucht zu werden, und damit der Dunkelheit [zu] erlauben, sich auszubreiten. Die Mutter Gottes war der allerschönste Draht: Sie erlaubte Gott, sie bis zum Rand zu füllen, um durch ihre bedingungslose Hingabe ‚Mir geschehe, wie du gesagt hast' – voll der Gnade zu werden … und ganz natürlich, in dem Monat, als sie von diesem Strom der Gnade Gottes erfüllt war, lief sie eilends zu Elisabeths Haus, um den Draht, Johannes, an den Strom

Jesu anzuschließen …“[32]. Was für ein schöner Vergleich: Gott als Strom, der durch uns fließen darf! Ja, „Wahre Liebe ist bedingungslose Hingabe! Je mehr wir lieben, umso mehr liefern wir uns aus“[33] und lassen Gott durch uns handeln. Und dann kann der Strom durch uns fließen. Er kann aber umso leichter fließen, je mehr wir uns durch die reinigende Wirkung des Sakramentes der Beichte erneuern lassen und die Hindernisse unserer Sünden aus dem Weg räumen. Auch für mich selbst ist es immer wieder überraschend, wie dieses wunderbare Sakrament befreiend und versöhnend wirkt.

Nachfolge – nur ganz!

Wir können uns bei unseren Entscheidungen fragen:
Schaue ich mit den Augen Gottes auf die Dinge? Denke ich in allem von Christus her? Frage ich mich in den Situationen meines Lebens: „Herr, was willst du mir damit sagen?“, „Herr, was hast du in deiner unendlichen Liebe vor?“
Jesus fordert das Ganze, die ganze Nachfolge seiner selbst – nicht ein bisschen Welt und ein bisschen Gott. Man kann Gott nur GANZ nachfolgen. Nur das macht glücklich! Halbheiten machen unzufrieden und lassen den Einzelnen unausgefüllt zurück.

Nachfolge aber heißt, SEINEN Willen zu tun.

Nachfolge heißt, mit Jesus zu leben:

---

[32] Mutter Teresa: Novene zur seligen Teresa von Kalkutta. Wien o. J., 14f.

[33] Ebd., 14.

- SEIN Leben im Gebet zu betrachten.
- SEIN Leben kennenzulernen,
  indem ich die Heilige Schrift betrachte.
- SEIN Wort immer mehr in mich aufzunehmen,
- SEIN Wort zu wiederholen,
  es wie die Wüstenväter/-mütter den ganzen Tag über zu „kauen", damit das Wort Gottes immer wieder in mir aufsteigt, es immer mehr in mir lebt und ich aus ihm.

Wort Gottes

Papst Franziskus empfiehlt in seinem Apostolischen Schreiben „Über den Ruf zur Heiligkeit in der Welt von heute" nachdrücklich „das betende Lesen des Wortes Gottes, das ‚süßer als Honig' (Ps 119,103) und ‚schärfer als jedes zweischneidige Schwert' (Hebr 4,12) ist"[34], denn das „Wort Gottes hat eine ihm innewohnende Kraft, das Leben der Menschen zu verwandeln".[35] Das Wort Gottes zeigt uns, dass Gott uns nahe ist und uns Mut für unseren Lebensweg schenken will.

Das betende Lesen der Heiligen Schrift ist zugleich der beste Weg, Christus besser kennenzulernen. Der hl. Hieronymus, der mit der Heiligen Schrift lebte, sie Tag und Nacht mit sich trug, empfahl, einen vertrauten Umgang mit ihr zu pflegen. Programmatisch formulierte er: Die Heilige Schrift nicht zu

---

[34] Franziskus: Gaudete et exsultate Nr. 156.

[35] Konferenz der katholischen Bischöfe Indiens, *Schlusserklärung der 21. Vollversammlung* (18. Februar 2009), 3.2.

kennen, heiße Christus nicht zu kennen.[36] Das II. Vatikanische Konzil hat auf diesen bekannten Satz in der Offenbarungskonstitution „Dei Verbum" 25 verwiesen und dazu ermutigt, beständig in der Heiligen Schrift zu lesen und sie gründlich zu studieren. Für einen immer vertrauteren Umgang mit Christus gibt es nichts Vergleichbares! Um Christus immer besser kennenzulernen, gibt es nichts Besseres, als die Heilige Schrift zu lesen. Dieses Lesen der Heiligen Schrift müsse aber – so die Konzilsväter – vom Gebet begleitet sein, damit dieses Lesen „zu einem Gespräch ... zwischen Gott und Mensch" werde. Denn wie der hl. Ambrosius sage: Ihn, Gott, „reden wir an, wenn wir beten; ihn hören wir, wenn wir Gottes Weisungen lesen".[37] In „den Heiligen Büchern kommt ja der Vater, der im Himmel ist, seinen Kindern in Liebe entgegen und nimmt mit ihnen das Gespräch auf" (DV 21).

Aus diesem Grund hat Papst Franziskus einen eigenen „Sonntag des Wortes Gottes" am dritten Sonntag im Jahreskreis ausgerufen. Am ersten Festtag 2021 bezeichnete er die Heilige Schrift als den Liebesbrief Gottes, an uns geschrieben von dem, der uns wie niemand sonst kennt. Gott spricht zu uns noch vor jedem Wort unsererseits; er sagt immer zu uns: „‚Hab keine Angst, ich bin bei dir. Ich bin dir nahe und werde bei dir bleiben.' Das Wort Gottes erlaubt uns, diese Nähe mit Händen zu greifen, weil es – wie das Buch Deuteronomium sagt – nicht fern von uns ist, sondern

---

[36] Hier., Comm. in Jes., Prol.: PL 24, 17; vgl. Benedikt XV., Enz. Spiritus Paraclitus: Ench. Bibl. 475-480; Pius XII., Enz. Divino afflante: Ench. Bibl. 544.

[37] DV 25 mit Verweis auf Ambrosius: De officiis ministrorum I, 20, 88; PL 16, 50.

unserem Herzen nahe ist (vgl. Dtn 30,14). Es ist das Heilmittel gegen die Angst, allein im Leben zu bleiben. Der Herr tröstet (*con-sola [-tur]*) nämlich mit seinem Wort, das heißt, er bleibt bei (*con*) dem, der allein (*solo*) ist. Wenn er mit uns spricht, erinnert er uns daran, dass wir in seinem Herzen einen Platz haben, dass wir in seinen Augen wertvoll sind, dass er uns in seinen Händen geborgen hält. … Beim Lesen hören wir wieder neu seine Stimme, nehmen wir sein Gesicht wahr, empfangen wir seinen Geist. Das Wort lässt uns Gott nahe sein – halten wir es nicht fern von uns."[38] Aus diesem Grund mahnt der Papst, das Wort Gottes immer in der Tasche oder auf dem Telefon mit sich zu tragen und ihm einen würdigen Platz in unseren Häusern zu geben: „Stellen wir die Heilige Schrift auf einen Platz, wo wir daran erinnert werden, sie täglich aufzuschlagen, vielleicht am Beginn und am Ende des Tages, sodass unter all den Worten, die an unsere Ohren dringen, der eine oder andere Vers des Wortes Gottes zu unserem Herzen gelangt. Dafür bitten wir den Herrn um die Kraft, den Fernseher auszuschalten und die Bibel aufzuschlagen; das Handy beiseitezulegen und das Evangelium zur Hand zu nehmen."[39] Weiter empfiehlt der Papst ganz konkret, das aktuelle Lesejahr mitzulesen - täglich einen kurzen Abschnitt. „Dies wird uns spüren lassen, dass der Herr nahe ist, und uns auf unserem Lebensweg mit Mut erfüllen" (ebd.).

In seinem Apostolischen Schreiben zur Einführung des Sonntages des Wortes Gottes hat Papst Franziskus die Hei-

[38] Papst Franziskus: Predigt zum Sonntag des Wortes Gottes am 24.1.2021, OR (D) 51 (2021), 1.

[39] Ebd., 3.

lige Schrift als einen „ständigen Dialog Gottes mit seinem Volk“ und als unerschöpflichen Reichtum bezeichnet.[40]

Wir dürfen den Heiligen Geist bitten, uns das Wort Gottes zu erschließen. Denn bereits der hl. Hieronymus hat betont, dass „die Heilige Schrift in dem Geist gelesen und ausgelegt werden muß, in dem sie geschrieben wurde“.[41] In gleicher Weise hat dies auch die Offenbarungskonstitution des II. Vatikanischen Konzils in Nr. 12 formuliert: Zum Verständnis des inspirierten Wortes Gottes bedarf es des Heiligen Geistes.

Bitten wir daher immer wieder den Geist Gottes, uns SEIN Wort und seine Wahrheit zu erschließen!

Bitten wir IHN, uns immer tiefer Gottes Wort zu erschließen.

Vertrautes Sprechen mit Jesus

Kennen Sie diese schönen alten Filme, in denen Don Camillo mit Jesus am Kreuz spricht? Es ist ein wirklich vertrautes Sprechen eines Priesters mit seinem besten Freund, Jesus!

Im 18. Jahrhundert gab es dies in ähnlicher Weise bei einem Einsiedler, Bruder Theophilus. Er hat mit einem Kreuz, das heute als das Ottobeurer Gnadenkreuz bekannt ist, gesprochen. Beim betenden Betrachten dieses Kreuzes hörte er eine Stimme. Wenn Sie dieses spätromanische Kreuz ge-

---

[40] Franziskus: Apostolisches Schreiben *Aperuit illis* vom 30. September 2019, 7.

[41] Hier., in Gal. 19-20 (PL 26, 417 A).

nauer betrachten, werden Sie feststellen, dass der Mund des Gekreuzigten geöffnet ist. Es scheint, als spreche er mit dem Betrachter. Es wird überliefert, dass bereits andere vor dem Einsiedlermönch Theophilus ebenfalls mit dem Gekreuzigten gesprochen haben – so auch der später seliggesprochene Abt Conrad des Klosters Ottobeuren.

Auch in der Frömmigkeitsgeschichte gab es immer wieder Heilige, die einen besonderen Zugang zum Gekreuzigten hatten.

Über dem Gnadenkreuz von Ottobeuren, an der Stelle, an der üblicherweise die INRI-Tafel angebracht ist, stehen die Worte „Vater verzeihe ihnen“ aus Lk 23,34. Es scheint, als spreche der Gekreuzigte immer noch. Sein Mund ist geöffnet. Dieses Sprechen des Gekreuzigten weist hin auf seine unendliche, unfassbare Liebe, die keine Anklage kennt, sondern in übergroßer Liebe und Barmherzigkeit für ALLE eintritt. Die Antwort des Betrachters findet sich gleichsam am Fuße des Gnadenkreuzes: „O Jesu, mein Gott und mein Alles!“[42]

Was aber will uns das Gnadenkreuz sagen? Wir dürfen mit dem Gekreuzigten sprechen, wir dürfen mit IHM eine lebendige Beziehung pflegen!

Auch der erwähnte Einsiedler Bruder Theophilus hat eine nachdrückliche Empfehlung. Er hörte in sich eine Stimme:

[42] In der Tat „O Jesu“ und nicht „O Jesus“.

„Leide, wenn du mich betrachtest … ohne Leiden mich verachtest."[43]

So können wir uns fragen:

> Können wir überhaupt noch etwas empfinden, wenn wir ein Kreuz betrachten? Können wir überhaupt noch Mit-leiden mit Jesus, Schmerz darüber empfinden, was ER für uns – für mich – erduldete?

Bei Johannes hören wir:

> „Denn Gott hat die Welt so sehr geliebt, dass er seinen einzigen Sohn hingab, …" (Joh 3,16.17).

Ja, so – SO hat Gott die Welt geliebt! Schauen wir auf das Kreuz! Erschaudern wir darüber, wieviel Gott sich die Menschheit, wieviel Gott sich die Rettung von uns kosten ließ!

Bruder Theophilus betont mit Nachdruck, dass wir nie das Kreuz mit gleichgültigem Herzen betrachten dürften. Vielmehr müsse man bei diesem Anblick der schrecklichsten aller Todesarten von heftigstem Mitleid ergriffen werden. Er geht sogar soweit zu sagen, dass man Christus nicht lieben könne, ohne zu leiden. Für ihn ist Liebe immer Leiden.[44] In dieser Weise kann er mit dem Apostel Paulus sagen: „Christus will ich erkennen und die Macht seiner Auferstehung und die Gemeinschaft mit seinen Leiden, indem ich seinem Tod gleichgestaltet werde" (Phil 3,10). In der Tat sucht Bruder Theophilus Christus zu erkennen, indem er Gemein-

---

[43] Erzbischof Karl Braun: „Liebstes Bild". Bruder Theophilus und das Ottobeurer Gnadenkreuz. Lindenberg 2017, 15.

[44] Vgl. Miller, Athur Maximilian: Bruder Theophilus und das Kreuz. Nach den Aufzeichnungen eines Einsiedlers von Arthur Maximilian Miller. In: Hochland 1 (45) Okt. 1952, 61, zitiert nach Braun, Karl: Liebstes Bild. Lindenberg 2017, 16f.

schaft mit seinem Leiden sucht. Das erschreckt vielleicht. Doch wenn man einen Menschen wirklich liebt, leidet man dann nicht, wenn er leidet?
Wenn dies im menschlichen Bereich gilt, wieviel mehr im geistlichen!

Wenn wir auf ein Kreuz schauen, lassen wir uns dann von diesem Leiden und dieser Liebe Jesu treffen?

Was bei dem romanischen Holzkreuz von Ottobeuren aber besonders fasziniert, ist der geöffnete Mund des Gekreuzigten. Jesus scheint mit dem Betrachter sprechen zu wollen. Ich habe bewusst formuliert: Jesus will mit dem Betrachter sprechen. Denn es liegt dann an jedem selbst, ob er mit Jesus ein Gespräch beginnt.

Vielleicht ist es hier eine Hilfe, die alten Don Camillo-Filme in Erinnerung zu rufen. Der Grazer Bischof Wilhelm Krautwaschl hat vor einiger Zeit verraten, dass er ein großer Fan von „Don Camillo und Peppone" sei. Ihn fasziniere, wie Don Camillo seine Beziehung zum lebendigen Gott lebe. Für ihn sei es Alltag, mit Jesus zu reden. Er hoffe von sich, dass er auch so vertraut und unkompliziert mit Gott umgehe, wie dies Don Camillo in den Filmen immer wieder bei seinen Zwiegesprächen mit Christus zeige. Vielleicht sind diese alten Filme eine Hilfe, in ähnlicher Weise vertraut mit Jesus zu sprechen.

Beim Gnadenkreuz von Ottobeuren haben dies in der Vergangenheit ein Einsiedler und weitere Menschen getan. Vielleicht versuchen auch Sie es einmal, MIT Jesus zu sprechen – mit Jesus am Kreuz, mit Jesus als dem Auferstandenen oder mit Jesus IN Ihnen? Dabei ist Maria, die Gottesmutter eine Hilfe. Kein Mensch war Jesus so nahe wie sie.

Sie begleitete ihn bis unters Kreuz und stand BEI IHM unter dem Kreuz.

Sie war BEI IHM! Bitten wir sie um ihre Hilfe!

> Herr, bitte sende den Heiligen Geist,
> dass wir immer mehr in ein Gespräch MIT DIR eintreten.
> Sende uns immer neu den Heiligen Geist,
> damit wir MIT DIR reden, MIT DIR unser Leben teilen!
> Maria, du hast deinen Sohn bis unter das Kreuz begleitet,
> du warst BEI IHM in seinen schwierigsten Stunden.
> Erbitte auch uns, BEI IHM zu sein
> und mit IHM unser Leben zu teilen.
> Stelle uns Jesus Christus vor, den wir einladen als Begleiter auf unserem Weg! Amen.

Bei IHM sein

Es ist die Berufung ALLER, mit Gott eine Beziehung zu pflegen.
ALLE Gläubigen sind zu einer lebendigen Beziehung zu Gott berufen.
In der Taufe wurden wir zu Kindern Gottes (LG 11), jeder wurde von Gott als sein Kind angenommen (vgl. Gal 4,5-7; KKK 1265).
Wir sind berufen, mit unserem himmlischen Vater im Austausch zu stehen,
mit IHM eine lebendige Beziehung zu pflegen,
MIT IHM zu leben,
IHN und SEINE unendliche Liebe
immer mehr kennenzulernen.

Den Tag unterbrechen

Gott sehnt sich nach unserer Antwort auf seine Liebe. Wie auch Liebende immer wieder aneinander denken, so ist es auch in der Beziehung zu Gott. ER denkt immer an uns. Seien auch wir immer wieder BEI IHM. Anfangs wird es wohl nötig sein, dies mit dem Willen zu tun und den Tag immer wieder ganz bewusst zu unterbrechen, um BEI IHM zu sein, MIT IHM zu sprechen.
Die große Lehrerin für das Gebet, die Kirchenlehrerin Teresa von Ávila, empfiehlt hierfür als Hilfe, ein Bild des Herrn

bei sich zu tragen, es immer wieder anzuschauen oder auch im Inneren auf IHN zu schauen und dann mit ihm ganz vertraut zu sprechen.[45] Pater Hans Buob SAC hat in seinen Exerzitien ganz konkret empfohlen, sich Erinnerungshilfen in das eigene Umfeld zu legen.

Beginnen wir den Tag nicht anders als MIT IHM!

Unterbrechen wir den Tag immer wieder für eine Hinwendung zu Gott!

Verbinden wir uns den ganzen Tag über immer wieder MIT dem Herrn!

Bei Jes 50,4 sagt der Jünger Gottes, dass Gott jeden Morgen sein Ohr öffne. Gott weckt das Ohr, um IHN zu hören! Werden wir still und hörend auf IHN! Bereiten wir uns jeden Morgen, dass Gott unser Ohr öffnen kann!

Unterbrechen wir immer wieder den Tag und seien wir – wenn auch nur kurz – BEI IHM! Grüßen wir die Gottesmutter zum Angelus, zum Engel des Herrn, und bitten sie, die Gnadenvermittlerin, um Hilfe, immer mehr beim Herrn zu sein!

Jedes Kreuz an der Wand kann eine wunderbare Erinnerung sein, sich ganz in Gottes Liebe zu verankern. Ja, schauen wir aufs Kreuz:

So – so hat Gott die Welt geliebt!
So hat Christus uns geliebt!
Ja, so hat Gott die Welt geliebt!

Wir können es nicht oft genug wiederholen und verinnerlichen!

---

[45] Teresa von Jesus: Weg der Vollkommenheit. Leutesdorf, [3]1998, Kapitel 26,6.

Richten wir uns Erinnerungsstützen ein, die uns helfen, uns immer wieder – wenn auch nur kurz – in Gottes Gegenwart zu vertiefen und BEI IHM zu sein!
Beenden wir den Tag nie ohne ein Gespräch mit Gott! Sagen wir IHM Dank für alles Gute, reden wir MIT IHM über unsere Schwierigkeiten und bitten wir ihn um Hilfe für alles Anstehende!

Wandel in der Gegenwart Gottes – immerwährendes Gebet

Zu diesem immerwährenden Gebet schrieb der große geistige Lehrer, der hl. Johannes vom Kreuz:

> „Bemühen Sie sich, im Gebet beständig zu sein, und inmitten der körperlichen Arbeiten unterlassen Sie es nicht. Sei es, dass Sie essen, trinken, mit anderen sprechen, oder irgendeine Sache tun, wandeln Sie immer im Sehnen nach Gott und Ihr Herz ihm zuneigend.“[46]

Wir sind eingeladen, all unser Tun, alles Arbeiten und Schaffen immer in Beziehung zu IHM zu tun. Bei jeder Tätigkeit kann ich mich fragen: Herr, was ist DEIN Wille? Herr, was willst DU mir damit sagen? Herr, was würdest DU hier tun?
Nachdrücklich legt auch Papst Franziskus in seinem Schreiben „Gaudete et exsultate“ genau diese unentwegte Ausrichtung auf den Herrn jedem Gläubigen ans Herz. Den genannten Kirchenlehrer aufgreifend, empfiehlt er „immer in der

[46] Johannes vom Kreuz: Vier Anweisungen für einen Ordensmann. Stufen der Vollkommenheit, 9. In: Worte vom Licht und Liebe. Briefe und kleinere Schriften. Freiburg ^{3}2003, 171; zitiert nach Papst Franziskus: Gaudete et exsultate, 148.

Gegenwart Gottes zu wandeln", je nach der Möglichkeit des eigenen Tuns.[47] Auch in seiner Katechesenreihe zum Gebet rät der Papst am 10.2.2021 dazu, das ganze Leben mit dem Gebet gleich einem Sauerteig zu durchdringen und so immer in der Gegenwart Gottes zu leben.[48] In der Bibel findet sich dazu ein weiteres sehr schönes Bild des Bleibens BEI und IN Jesus. So hören wir im Johannesevangelium:

> „Bleibt in mir und ich bleibe in euch. Wie die Rebe aus sich keine Frucht bringen kann, sondern nur, wenn sie am Weinstock bleibt, so auch ihr, wenn ihr nicht in mir bleibt. Ich bin der Weinstock, ihr seid die Reben. Wer in mir bleibt und in wem ich bleibe, der bringt reiche Frucht; denn getrennt von mir könnt ihr nichts vollbringen." (Joh 15,4f)

Wenn also der Rebzweig nicht am Weinstock bleibt, kann er keine Frucht bringen. Was heißt es: IN Christus zu bleiben? Es meint, dass ich all mein Reden, Denken, Handeln auf IHN hin ausrichte, in SEINER Gegenwart lebe. Wenn aber diese Verbindung durch die Sünde belastet ist, meint es, dass ich sie durch die Beichte wieder freispüle, damit SEIN Gnadenstrom, der Gnadenstrom Gottes, wieder fließen kann.

Dieses Bild vom Weinstock und dem Rebzweig veranschaulicht sehr schön, dass all mein Schaffen gut und fruchtbringend ist, wenn es in Verbindung MIT dem Herrn geschieht. Ich darf mich immer wieder ganz bewusst IN IHM verankern, mich IN IHN hineingeben, IHN IN mir aufsuchen und anbeten.

---

[47] Papst Franziskus: Gaudete et exsultate, 148.

[48] Vgl. Papst Franziskus: Generalaudienz vom 10.2.2021.

Dieses IN-IHM-Bleiben meint nicht, eine Gebetszeit zu absolvieren und dann den übrigen Tag den Herrn allein zu lassen und nicht mehr an IHN zu denken. Es ist dies ein Weg, eine Haltung, in die ich immer mehr hineinwachsen darf. Es ist ein stetes Bemühen, all mein Denken und Sprechen, mein ganzes Arbeiten aus der Verbindung mit IHM zu tun, immer mehr mein Leben unter dem Blick Gottes zu leben.
Ja, Gott schaut wirklich IMMER auf mich, wie dies auch Überwachungskameras tun, ABER Gott schaut mit einem Blick der Liebe und der Güte auf mich.
Es ist schön, sich diese Gegenwart immer wieder bewusst zu machen!

Wenn ich arbeite: ER schaut auf mich.
Wenn ich mit Menschen rede: Gott ist dabei.
Wenn ich spazierengehe, ER geht mit!

Gott schaut auf mich mit übergroßem Erbarmen! Er wünscht sich nichts so sehr, als dass ich stets in Verbindung mit IHM bleibe. In Liebe sucht ER meine Nähe. In seiner unergründlichen Barmherzigkeit wünscht er sich nichts mehr, als dass ich BEI IHM bleibe! – Ich spreche hier ganz bewusst von BLEIBEN. Denn es liegt allein an mir.

Dies ist ein Weg, ein Immer-mehr-Hineinwachsen in das „BEI-IHM-SEIN". Eine Hilfe hierfür ist es, sich zu bemühen, ganz bewusst alles MIT IHM zu tun. Ja, richten wir uns immer wieder innerlich aus auf IHN! Auch wenn ich nicht bewusst an IHN denken kann – wie bei manchen Arbeiten –, kann ich alles Tun immer aus der Verbindung MIT IHM vollbringen, immer in der Verbindung MIT Christus handeln; ALLES, all mein Denken, Reden und Tun, aus dieser

Verbindung MIT IHM verrichten, geleitet aus meiner Beziehung zu dem in mir liebenden Gott.
Das bedeutet, alles, alle Arbeit, alles Denken und Tun VOR SEINEM ANGESICHT mit IHM zu tun. So kann die Arbeit in Gebet verwandelt werden. Doch vergessen wir dabei nie die mahnenden Worte von Mutter Teresa:

„Wir sollen die Arbeit in Gebet verwandeln,
das Gebet aber können wir nicht durch Arbeit ersetzen!“[49]

Ja, das Gebet können wir in der Tat nicht durch Arbeit ersetzen!
Dieses in Verbindung auf Christus geleitete Handeln kann so verinnerlicht sein, dass ich nichts denke, rede und tue, was gegen den Willen Gottes und sein Gebot ist, ohne dass mir dies schmerzlich bewusst wird. Es geht hier um die Grundhaltung. Ich vergleiche einmal mit dem rein menschlichen Bereich. Wenn ich einen Menschen sehr gern habe, werde ich es nicht fertigbringen, etwas Ungutes über ihn zu denken, zu reden oder ihm anzutun. So ist es auch, wenn ich ganz mit Christus verbunden bin, wenn ich immer wieder die Verbindung zu IHM suche, IHN in Liebe suche. Dann kann ich nicht anders, als immer bei IHM bleiben zu wollen.

Stetes „Ja“ als Grundlage für eine Gebetsentwicklung

Die Mystikerin von Würzburg, für die ein Seligsprechungsprozess läuft, Sr. Maria Julitta Ritz, empfiehlt ebenfalls eine solche unentwegte Ausrichtung auf Gott. Sie schreibt: „Großen Segen wirkt die Übung der tieferen Sammlung. Einige-

[49] Mutter Teresa: Beschaulich inmitten der Welt. Freiburg/Br. ^{3}1990, 100.

male [sic] in der Stunde die Arbeit nur unterbrechen, sich einige Minuten in Gott versenken, als ob der lb. Gott und wir ganz allein auf der Welt wären, und einen inneren Akt an den gegenwärtigen Gott richten. Die[se] tiefere Sammlung führt zur Vereinigung mit Gott."[50]

In der Tat, Sr. Julitta Ritz empfiehlt sogar, mehrere Male in der Stunde sich mit dem Herrn zu vereinigen! Das ist sicherlich ein Weg. Es geht darum, sich möglichst oft und regelmäßig in einem inneren Akt in Gott zu versenken. Vielleicht zunächst dreimal am Tag in einem Morgen-, Mittags- und Abendgebet. Dann alle drei Stunden und schließlich stündlich. Es ist dies wohl ein organisches Wachstum, ein Schritt-für-Schritt-Wachsen in der Beziehung!
Sehr treffend finde ich die Umschreibung dieses sich Vergegenwärtigens von Sr. Maria Julitta: „als ob der lb. Gott und wir ganz allein auf der Welt wären". (Ebd.)
Es ist dies eine Weise, einen inneren Akt der Hinwendung an den gegenwärtigen Gott IN uns zu richten, als ob wir mit Gott ganz allein auf der Welt wären. Es meint, für einen Augenblick nach Innen zu gehen und BEIM Herrn zu verweilen, als wäre man ganz allein MIT IHM auf der Welt.

Diese Empfehlung, sich Gott immer wieder zu vergegenwärtigen, gibt sie in ihrem reichen Schreibapostolat immer und immer wieder. So schreibt sie an eine Mitschwester: „Vor dem Angesichte Gottes wandeln. Vor dem Angesichte Gottes sich halten beim Gebet. Vor dem Angesichte Gottes sich

[50] Von Sr. M. Julitta Ritz verfasste Postkarte 166r im Julitta-Archiv, Mutterhaus Würzburg, veröffentlicht in: Scheele, Paul-Werner: Schwester Maria Julitta Ritz. Maria und Martha zugleich. Würzburg o.J., 46.

mühen um die Mitschwestern. Vor dem Angesichte Gottes die irdischen Geschäfte verrichten – nach dem Willen Gottes, *weil* er es so haben will; und nach dem Wohlgefallen Gottes, *so* wie er es haben will; dass er daran seine Freude, sein Wohlgefallen haben kann."[51] Es ist dies ein Gleichklang, ein völliges Einstimmen in den Willen Gottes.
Immer wieder betont sie, wie wichtig die Hingabe an den Willen Gottes für ein Voranschreiten im Gebet ist. Damit meint sie ein fortwährendes Zustimmen zu den Geschehnissen, ein fortwährendes Ja zu den täglichen Widerwärtigkeiten. Diese stete Hingabe an den Willen Gottes empfiehlt sie immer wieder in ihrem reichen Briefapostolat als unentwegte Übung im Alltag. So rät sie einem hilfesuchenden Priester:

> „Üben Sie in Liebe ‚das Ja' sagen:
> 1. im eigentlichen Gebete,
> 2. dann geschieht es im andern Gebet (Alltagsleben, Arbeit, Erholung).
>
> *Ja-Sagen* üben: viel, froh, schnell, singend, manchmal lieb, das ehrt Gott am meisten. Ja sagen in allem, was zu tun ist (Pflicht), in allem, was zu ertragen ist. Wenn Sie es machen, tun Sie mit einem Ja mehr zur Ehre Gottes und ‚für' die Seelen, als durch wer weiß was … . Seien wir vereint im *Ja*, es wird alles leicht."[52]

Bei dieser Aussage von Sr. Maria Julitta verwundert es vielleicht, dass sie das reine Gespräch mit Gott, wie auch ihre tägliche Arbeit sowie ihre Erholungszeit als eine Form des

---

[51] Ebd., Postkarte 106r.

[52] Ritz, Schwester Maria Julitta: Unsere Mitte. Hg. v. Paul Werner Scheele. Würzburg 1991, 43.

Gebetes einstuft. Indem sie ununterbrochen in der Gegenwart Gottes lebt, ist ihr ganzes Sein auf Gott gerichtet. Damit erachtet sie jede Daseinsweise, sei es Arbeit, Erholungszeit oder Gespräch mit Gott, als eine Form des Gebetes.

Für sie gehört zu wahrer Gottesliebe das „Fiat" in jeder Situation und Lebenslage. So rät sie einer Schwester: „In Lobpreis und Dank und Anbetung einfältig und liebevoll durchhalten in den Stunden und Tagen der Dunkelheit, Ohnmacht, gefühlsmäßigen Lauheit und Kälte, das allein sind die eigentlichen Stunden, die Entscheidungsstunden für den Fortschritt in der Liebe, um die allein alles geht. Liebe ist, den Willen Gottes in jeder Lage umfassen, bejahen und anbeten."[53] Ganz ehrlich gesteht sie jedoch ein, dass dies der Geduld bedürfe und nicht immer ganz leicht sei. Als große Hilfe für diesen nicht ganz einfachen Weg verweist sie immer wieder auf das Vorbild Mariens. Die Seele wird „immer mehr wachsen" durch die Verherrlichung Gottes und „durch Maria, die der sicherste, leichteste und schnellste Weg zu Gott ist".[54]

Hingabe an den Willen Gottes und das beharrliche Gebet erachtet sie als Voraussetzung für eine wachsende Vereinigung mit Gott: „Zur Gottinnigkeit führt man seine Seele durch stilles, geduldiges, selbstloses, harrendes Gebet und frohes

[53] Ebd., 78f.

[54] Ebd.; Sr. Julitta nimmt hier Bezug auf die Lehre des hl. Ludwig Maria Grignion von Montfort (ders.: Abhandlung über die wahre Marienverehrung. Vallendar 1988): „alle Handlungen durch Maria, mit Maria, in Maria und für Maria tun, um sie vollkommener durch Jesus, in Jesus und für Jesus zu tun", die sie wohl von ihrem Spiritual, Pfr. Konrad Hock, übernahm (ders.: Helfer und Hindernisse auf dem Wege der Vollkommenheit. Würzburg 1926, 60).

Erleiden der Methode Gottes, durch Ja-Sagen im Alltag."[55] Dies solle zu einer Grundhaltung werden.
In ihrer direkten und unverblümten Art mahnt sie ein kindliches Vertrauen in die Führung des himmlischen Vaters an: „‚Seid nicht ängstlich besorgt! Euer himmlischer Vater weiß ja, was ihr bedürft.' (Vgl. Mt 6,31f) Dies gilt schon für das rein natürliche Leben und seine Bedürfnisse", umso mehr gilt dies auch für das geistliche Leben![56]

Gott ist da

Als Mose Gott zum ersten Mal am Gottesberg Horeb begegnete, fragte er ihn nach seinem Namen. Gott entgegnete ihm: „Ich bin, der ich bin da" (Ex 3,14). Ist das nicht wunderbar: Wir haben einen Gott, der da ist!

Der Name drückt in der Heiligen Schrift immer das Wesen aus. Bei Matthäus 1,23 hören wir, dass Maria dem verheißenen Messias den Namen Immanuel geben soll, das heißt übersetzt: „Gott mit uns." Wir haben somit einen Gott MIT UNS, einen Gott, der da ist!

Dies war die Erfahrung von Mose und dem Volk Israel über die Jahrhunderte: Gott ist da! Unser Gott ist ein Gott MIT uns!
Leben wir auch mit IHM?
Pflegen wir auch einen vertrauten Umgang MIT IHM?
Reden wir mit IHM?

[55] Ebd., 41.
[56] Ebd., 62.

Kardinal van Thuân, der Kardinal von Vietnam, der 13 Jahre in Gefangenenlagern lebte, davon neun Jahre in völliger Isolation, empfahl folgende einfache Übung: „Leg öfters einmal die Hand auf dein Herz und sag zu dir selber: ‚Gott ist mit mir, in mir.' Allmählich wird Gott dich etwas vom Glück dieser Gegenwart kosten lassen."[57]

Vielleicht ist es eine Hilfe, sich Gott vorzustellen, gerade da, wo ich bin, in der Straßenbahn, im Büro, beim Putzen. Wir können auch dieses „Gott ist da" wiederholen und hinzufügen „du schaust auf mich", „du liebst mich unendlich". Oder wir sprechen von seinen Eigenschaften: Gott ist da, der Ewige, der Allmächtige, der Barmherzige, du, die unendliche Liebe, du guter Hirt, du Erlöser! Oder wir ergänzen ein Bibelwort wie beispielsweise Jes 41,10f: „Fürchte dich nicht, denn ich bin mit dir!", oder Jer 31,3: „Mit ewiger Liebe habe ich dich geliebt", oder das Herzensgebet: „Herr Jesus Christus, erbarme dich meiner!"
Wiederholen und rufen wir uns immer wieder in Erinnerung:

„Fürchte dich nicht, denn ich bin mit dir!"
„Mit ewiger Liebe habe ich dich geliebt!"
„Herr Jesus Christus, erbarme dich meiner!"

[57] Nguyên van Thuân, Franz Xaver: Hoffnungswege. Botschaft der Freude aus dem Gefängnis. Vallendar, ^{3}2014, 138.

Gemeinschaft mit Heiligen

Wie bereits angesprochen, sind wir nicht allein, denn wir haben einen Gott, der immer da ist, einen Immanuel, ein Gott mit uns, der sich unendlich danach sehnt, dass wir mit IHM in Beziehung leben!

Wir dürfen aber nicht nur in Gemeinschaft mit Gott leben, wir dürfen auch in Gemeinschaft mit den Engeln und Heiligen leben. Wir bekennen uns im Glaubensbekenntnis zu dieser Gemeinschaft, aber leben wir mit ihr? In jeder Heiligen Messe feiert diese Gemeinschaft von Engeln und Heiligen mit uns.
Vielfach kennen wir sie als Fürsprecher in unseren Nöten. So dürfen wir beispielsweise den hl. Josef um Leitung ins Innere Gebet bitten. Die hl. Teresa von Ávila empfahl ihn hierfür und fügte hinzu: „Es ist zum Staunen, welch große Gnaden mir Gott durch diesen glückseligen Heiligen geschenkt hat und wie er mich aus vielen Gefahren für Leib und Seele errettet hat.“[58]

Wir dürfen die Heiligen nicht nur als Fürsprecher einsetzen, wir dürfen auch richtiggehend MIT ihnen leben, sie in unser Leben miteinbeziehen. Wie wir von Gott Engel als Begleiter für unser Erdenleben erhalten haben, so dürfen wir in ähnlicher Weise auch MIT den Heiligen leben.
Die Heiligen sind nicht nur Lebensbegleiter und Fürsprecher, wir können auch von ihnen lernen, MIT Gott zu leben. Sie zeigen uns, wie wir in Gemeinschaft mit Gott, in der Zweisamkeit mit IHM leben können. Ein sehr schönes Beispiel hierfür sind die Confessiones, die Bekenntnisse des hl. Kir-

[58] Teresa von Avila: Das Buch meines Lebens. Freiburg/Br. [3]2004 Kapitel 6, 6.

chenvaters Augustinus. Seine Lebensbeschreibung hat er wie einen Dialog, wie ein Zwiegespräch mit Gott verfasst. Zugleich ist seine Schrift ein einziger Lobpreis auf Gottes unendliche Liebe.

Ähnliches findet sich im Tagebuch der hl. Sr. M. Faustyna Kowalska.[59] Es zeugt von ihrer vertrauten Zweisamkeit mit Jesus. Ihre Einträge gleichen meist Gesprächen mit dem Herrn in einem liebenden Austausch. So bekennt sie in Nr. 903:

> „In der Tiefe meines Herzens bin ich fortwährend mit ihm; am leichtesten finde ich Gott in meiner eigenen Seele."

Das lässt aufhorchen: Sie findet Gott nicht am leichtesten im Tabernakel, nein, sie findet Gott am leichtesten in ihrem Inneren, in ihrer Seele!

Und in Nr. 909 schreibt sie:

> „Wir kennen uns, der Herr und ich, in der Wohnung meines Herzens."

Analog können wir uns fragen: Empfange ich IHN in der Wohnung meines Herzens? Pflege ich einen vertrauten Umgang mit IHM in der Wohnung meines Herzens?

Voll Vertrauen spricht Sr. Faustyna in Nr. 455:

> „Was macht es mir schon aus, inmitten abgeneigter Herzen zu leben, wenn ich die Fülle des Glücks in meiner Seele habe. Oder was nützt mir die Zuneigung anderer Herzen, wenn ich in meinem Inneren Gott nicht besitze? Wenn ich aber in meinem Inneren Gott habe – wer kann mir dann Schaden zufügen?"

Immer wieder sucht sie die Nähe zum Herrn. Das ist ihr Glück! Ihn findet sie nicht nur in der, wie sie sagt, lebendi-

[59] Sr. M. Faustyna Kowalska: Tagebuch der Schwester Maria Faustyna Kowalska, aus der Kongregation der Muttergottes der Barmherzigkeit. Hauteville/CH [5]2000.

gen Hostie, sondern vor allem in sich, in ihrem Inneren, dem Ort, wo Gott wohnt. So schreibt sie in Nr. 454:

> „Ich suche mein Glück nirgendwo, außer in meinem Inneren, wo Gott weilt. Ich freue mich an Gott in meinem Inneren, hier verweile ich unentwegt mit ihm, hier ist mein vertrautester Umgang mit ihm, hier weile ich sicher mit ihm."

Und um diesen vertrauten Umgang mit Jesus quasi zu rechtfertigen, fügt sie hinzu:

> „Die Heiligste Jungfrau ermuntert mich zu solchem Umgang mit Gott."

Ja, nehmen auch wir Maria, die Gottesmutter, zu Hilfe! Kein Mensch hat in solch vollkommener Weise die Zweisamkeit mit Gott gepflegt wie sie! Bitten wir sie immer wieder um Hilfe!

Eine weitere vorzügliche Lehrerin der Zweisamkeit mit Gott ist die hl. Teresa von Ávila. Ihre Beschreibung vom Gebet als Beisammensein mit einem Freund ist sehr bekannt. Dies ist zugleich ihre Erklärung dafür, was Inneres Beten ist. Wörtlich sagt sie:

> „Denn meiner Meinung nach ist inneres Beten nichts anderes als Verweilen bei einem Freund, mit dem wir oft allein zusammenkommen, einfach um bei ihm zu sein, weil wir sicher wissen, daß er uns liebt."[60]

Dies ist eine sehr bekannte Umschreibung von dem, was „Inneres Gebet" kennzeichnet. Wichtig ist ihr dabei, sich auf den Freund auszurichten und darüber nachzudenken, mit wem man spricht.[61]

---

[60] Teresa von Ávila: Das Buch meines Lebens. Freiburg/Br. ^{3}2004, 8,5.

[61] Vgl. Teresa von Ávila: Weg der Vollkommenheit. Leutesdorf. ^{3}1998, 22,1.

Betrachten wir noch einmal, wie diese große Kirchenlehrerin Inneres Gebet beschreibt:
Es ist das regelmäßige und sehnsuchtsvolle Verweilen bei dem, von dem wir wissen, dass er uns unendlich liebt. Es ist das sehnsuchtsvolle Bleiben bei dem, von dem man sich unendlich geliebt weiß, es ist ein Zusammensein und Verweilen in tiefer Vertrautheit. Daraus ergibt sich, dass sich dieses Verweilen nicht mit Worten ausdrücken muss, es kann sich einfach durch ein BEI-IHM-SEIN ausdrücken – als einem absichtslosen, unverzweckten SEIN bei der geliebten Person[62].
Genau dies meint die hl. Teresa von Ávila, wenn sie von Innerem Gebet spricht: Es ist für sie ein unverzwecktes SEIN BEI einem Freund, ein absichtsloses SEIN bei dem, den man liebt. Dieses Verweilen muss sich nicht in Worten ausdrücken. Statt vielerlei Gedanken und tiefsinnige Betrachtungen anzustellen, kann man einfach nur auf IHN schauen, BEI IHM SEIN. Wörtlich sagt sie:

> „Denn wer hindert euch daran, die Augen der Seele – und wäre es nur für einen Augenblick, falls ihr nicht mehr könnt – auf diesen Herrn zu richten? [... IHN,] das Schönste, das man sich vorzustellen vermag, solltet ihr nicht anschauen können? [... Er aber] wendet nie die Augen von euch ab."[63]

Ist das nicht wunderbar: Gott wendet nie die Augen von uns ab!

---

[62] Vgl. Teresa von Ávila: Das Buch meines Lebens. Freiburg/Br. ^{3}2004, 8,5, Anm. 12.

[63] Teresa von Jesus: Weg der Vollkommenheit. Leutesdorf, ^{3}1998, 26, 3.

> „Wenn ihr es euch angewöhnt, immer bei ihm zu sein, und wenn er sieht, daß ihr es aus Liebe tut und ihn dadurch erfreuen möchtet, könnt ihr ihn sozusagen gar nicht mehr aus eurer Nähe vertreiben. Er wird euch niemals im Stich lassen, euch in allen Prüfungen beistehen: immer und überall wird er bei euch sein. Glaubt ihr, es sei etwas Geringes, einen solchen Freund zur Seite zu haben?“[64]

Immer wieder spricht die Kirchenlehrerin von Jesus als einem Freund, bei dem wir verweilen dürfen.
Ja, verweilen wir bei diesem Freund!

Still werden

Wie eingangs erwähnt, hat Mutter Teresa sehr treffend die Frage gestellt:

> „Kennst du wirklich Jesus, den Lebendigen, nicht von Büchern, sondern daher, dass du bei Ihm bist in deinem Herzen?“[65]

Es ist dies sicherlich ein Weg. Es bedarf wohl der Einübung, mit dem Herrn eine lebendige Beziehung zu pflegen, eine Zweisamkeit mit IHM zu pflegen.

Zugegeben, es ist im Lärm der Welt nicht einfach, SEINE Stimme zu hören! Wir werden von so vielen Dingen im Alltag beschallt, von so vielen Sinneseindrücken bedrängt! Die Bilderflut des Internets tut ihr Übriges. Smartphones verlangen danach, pausenlos bedient zu werden. Doch was hält uns

---

[64] Ebd., 26,1.

[65] Mutter Teresa: Novene zur seligen Teresa von Kalkutta. Wien o.J., 4.

davon ab, diese Dinge zur Seite zu legen, sie abzuschalten und uns von ihnen zu lösen? Gehen wir in die Abgeschiedenheit. Gott wohnt in der Stille! Im Schweigen und Lauschen auf IHN erst vermögen wir IHN zu hören. Gott wohnt in der Stille. Wenn wir es in unserer Seele still werden lassen, auf IHN lauschen, werden wir seine Stimme immer klarer verstehen.

Søren Kierkegaard beschrieb dies wie folgt: „Als mein Gebet immer andächtiger und innerlicher wurde, da hatte ich immer weniger zu sagen. Zuletzt wurde ich ganz still. Ich wurde, was womöglich ein noch größerer Gegensatz zum Reden ist, ich wurde ein Hörer. Ich meinte erst, Beten sei Reden. Ich lernte aber, dass Beten nicht bloß Schweigen ist, sondern Hören. So ist es: Beten heißt nicht, sich selbst reden hören. Beten heißt: Still werden und still sein und warten, bis der Betende Gott hört."[66]

Der große Prophet des Alten Testaments, Elija, fand Gott nicht im gewaltigen, heftigen Sturm, nicht im Erdbeben, nicht im Feuer, sondern im stillen, sanften Säuseln – oder wie Martin Buber bildlich übersetzt, „in der Stimme verschwebenden Schweigens" (1 Kön 19,11f). Der hebräische Wortlaut kann hier nur umschreibend gedeutet werden. Er fand Gott im Flüstern eines leisen Wehens, wie Erich Zenger übersetzt[67]. Er fand Gott in der Stille!

Um ganz Ohr zu sein für diese leise, sanfte Stimme, und aus großer Ehrerbietung verdeckt Elija sein Gesicht mit seinem Mantel.

---

[66] Ruhbach, Gerhard: Theologie und Spiritualität. Beiträge zur Gestaltwerdung des christlichen Glaubens. Göttingen 1987, 182.

[67] Erich Zenger: Eine Lektion für Elija. In: Karmel impulse 1/2021, 11.

Wir brauchen unser Gesicht nicht mit einem Mantel zu bedecken, wir können auch einfach nur unsere Augen schließen. Dies ist eine wunderbare Hilfe, um nach innen zu gehen, um nicht durch das Schauen abgelenkt zu werden, um ganz Ohr für die Stimme Gottes zu werden.

Ein Hörender sein

Die Propheten in der Heiligen Schrift – wie hier Elija – sind zuallererst Hörende.
Im gesamten Alten Testament ist Gott vor allem derjenige, der nicht geschaut, aber gehört werden kann. Gerade deswegen findet sich dort wohl immer wieder die Mahnung, auf Gott zu hören. Immer wieder heißt es dort: „Höre, Israel."[68] In dieser Weise beginnt auch das bekannte Schema Israel in Dtn 6,4, das Gebet, das jeder gläubige Jude mehrmals täglich betet. Diese ersten beiden Worte des Sch^ema Israel übergeht man leicht. „Höre, Israel!" Doch sie mahnen nachdrücklich: Zuerst und vor allen Dingen gilt es zu HÖREN. Es gilt, ganz Ohr zu sein für Gott.

Lassen auch wir uns von diesem Ruf zu hören treffen!
Hören wir, ja lauschen wir, auf die zarte Stimme Gottes!

Manch einer könnte einwenden, er höre Gottes Stimme nicht so klar vernehmbar wie die Propheten des Alten Testaments. In der Tat kann Gottes Stimme im Lärm des Alltages leicht überhört werden. Wir müssen still werden und uns wirklich

[68] Wiederholte Aufrufe zum Hören: Dtn 5,1; 6,3; 9,1; 20,3; 27,9; Bar 3,9 sowie im NT: Mk 12,29.

auf IHN hin ausrichten. ER wohnt in uns. Wir dürfen IHN in uns besuchen.
Hilfreich ist es aber auch, Gottes Nähe in einem Tabernakel zu suchen oder nach der Kommunion mit IHM in Beziehung zu treten.
Manchem hilft vielleicht auch, sich in das Bild eines Hörenden zu vertiefen. Es gibt eine schöne Plastik des hl. Josef mit dem Titel „Der Hörende". Sie zeigt einen Hörenden, dessen Ohr fast so groß ist wie sein Gesicht. Seine Hand hat er hinter sein Ohr gelegt, um besser hören zu können. Sein ganzes Wesen ist das Ausgerichtet-Sein auf das zu Hörende. Sein Mund ist verschlossen. Der Hörende richtet sich in der Stille ganz auf das Gehörte aus. Er ist ganz Ohr!

Auch das Wiederholen eines Wortes Gottes kann eine Hilfe sein. Wir können mit dem Psalmisten wiederholen: „Ich will hören, was Gott redet" (Ps 85,9). Indem wir dies immer und immer wieder wiederholen, kann es immer mehr in unseren Geist eingehen und zu einer Haltung werden:

„Ich will hören, was Gott redet."
„Ich will hören, was Gott redet" (Ps 85,9).

Zu Beginn der beiden Samuel-Bücher findet sich die Erzählung von der Berufung dieses großen Propheten des Alten Testaments. Dort heißt es: „Samuel kannte den Herrn noch nicht und das Wort des Herrn war ihm noch nicht offenbart worden" (1 Sam 3,7). Hier hören wir als ersten Schritt, dass man den Herrn kennen muss. Erst dann vermag man ihn zu verstehen. Samuel wird mehrmals gerufen, aber seine Antwort richtet er an den Falschen, an den Priester Eli. Erst als dieser ihm erklärt, was er tun soll, antwortet Samuel auf den Ruf Gottes in rechter Weise. Er entgegnet dem Ruf Jahwes:

„Rede, denn dein Diener hört“ (1 Sam 3,10).
So wird Samuel offen für das Sprechen des Herrn.
Mit Blick auf diese Erzählung des jungen Samuel können auch wir uns fragen, ob es bei uns auch noch eines Kennenlernens Gottes bedarf?

Bedarf es noch einer solchen Offenheit für Gott?

Habe ich zum Herrn bereits gesagt: „Rede, HERR; denn dein Diener hört“ (1 Sam 3,9)?

Wörtlich ist es sogar noch treffender:

„Rede, denn dein Diener ist ein Hörender!“ (1 Sam 3,10).

Ist dies nicht ein wunderbares Wort Gottes, das wir immer und immer wieder wiederholen können? „Rede, Herr, denn dein Diener hört!“

Ja, wiederholen wir es immer und immer wieder, auf dass es immer mehr in unser Herz fällt und zu einer dauernden Haltung wird:

„Rede, denn dein Diener hört“ (1 Sam 3,10).

„Rede, HERR, denn dein Diener hört“ (1 Sam 3,9).

Es ist gut, wirklich offen für die Sprache Gottes zu sein. Bisweilen spricht Gott auch durch äußere Umstände, Ereignisse und Begegnungen, durch Erfolg und Misserfolg. Diese Zweitursachen können ebenfalls eine Sprache Gottes sein. Hören wir im Gebet, was Gott uns sagen will!
Seien wir ganz hörend! Aus diesem Grund haben wir auch zwei Ohren und nur einen Mund!

Aug in Aug

Kardinal Kurt Koch hat dies in das Bild eines hörenden Herzens gefasst. Treffend arbeitet er heraus, dass das Kennzeichen eines Propheten darin besteht, wie Mose einen vertrauten Umgang mit Gott zu pflegen. Denn zum Abschluss der fünf Bücher Mose heißt es über diesen: „Niemals wieder ist in Israel ein Prophet wie Mose aufgetreten. Ihn hat der HERR von Angesicht zu Angesicht erkannt" (Dtn 34,10). Hier wird Mose nicht nur als Prophet bezeichnet, sondern vor allem das Wesensmerkmal seines Prophetentums herausgestellt: mit Gott von Angesicht zu Angesicht verkehren oder, wie die alte Einheitsübersetzung übersetzt, mit dem Herrn Aug in Aug sein. Sein Umgang war ein vertrauter Umgang mit Gott wie mit einem Freund. Das hebräische Wort meint einen intimen Umgang, ein Kennen bis ins Innerste. Aus dieser tiefen Begegnung heraus erst, vermag der Prophet zu reden. Sehr schön hat Kardinal Kurt Koch aufgezeigt, dass zu einem solchen prophetischen Leben, einem Leben in engster Freundschaft mit dem lebendigen Gott, alle Gläubigen berufen sind: „Auch uns hat Gott in der Taufe ‚Aug in Aug' berufen. Er hat uns in erster Linie dazu berufen, in Gemeinschaft und Freundschaft mit ihm zu leben und im Leben in seiner Gegenwart unser Leben zu gestalten. Darin besteht der innerste Kern des Christentums: im Leben einer persönlichen Gottesbeziehung; alles andere folgt daraus. Damit uns dies gelingt, müssen wir vor allem aufmerksame Menschen sein, die auf Gottes Wort hören und für ihn ein hörendes Herz haben."[69]

[69] Koch, Kardinal Kurt: Bund zwischen Liebe und Vernunft. Das theologische Erbe von Papst Benedikt XVI. Freiburg/Br. 2016, 13.

Nehmen wir uns dies mit dem Psalmisten zu Herzen und beten wir mit ihm:

> „Mein Herz ist bereit, Gott, mein Herz ist bereit, … Ich will dich preisen, Herr, unter den Völkern, dir vor den Nationen spielen. Denn deine Liebe reicht, so weit der Himmel ist, deine Treue, so weit die Wolken ziehen" (Ps 57,8-11).

Dieser Psalm ist doch ein schöner Lobpreis! Ja, sagen wir dem Herrn unsere Bereitschaft zu und preisen wir IHN und seine unendliche Liebe!

Nun möchte ich ein Bild wieder aufgreifen, auf das ich bereits verwiesen hatte. Im Barmherzigkeitsjahr gab es als Mottobild eine Darstellung, die Jesu zeigt, wie er einen Menschen über seinen Schultern trägt. Das Besondere dabei ist, dass der Kopf dieses Menschen sich an Jesu Kopf schmiegt und ihre einander zugewandten Augen so verschmelzen, dass ein Auge ganz eins mit dem Auge des anderen ist. Ein Auge Jesu ist zugleich das Auge des Menschen. Beide sind ganz im Blick des anderen und zugleich fällt der Blick des einen mit dem Blick des anderen zusammen.

Ich habe dieses Bild etwas abgewandelt (S. 81):
Vielleicht ist es eine Hilfe, sich diesen Blick, der ganz eins ist mit Jesu Blick, zu eigen zu machen?

> Ja, wir sind immer IM Blick Gottes!
> Wir sind immer IN SEINEM liebenden Blick!
> Und wir dürfen uns SEINEN Blick ganz zu eigen machen!

Aug in Aug mit Gott zu leben bedeutet, ein hörendes Herz zu haben. Dies hat uns in erster Linie Maria vorgelebt. Sie war so offen für Gottes Wort, dass sie „ja" sagte zum Willen Gottes – auch wenn sie diesen zunächst gar nicht verstand!

Sie hat „ja“ gesagt und das Wort, den Logos, den lebendigen Gott selbst geboren. Der Kirchenvater Theodotos von Ankyra formuliert dies vielleicht etwas ungewöhnlich: „Geboren hat die Jungfrau … den lebendigen Gott. Durch das Gehör empfing Maria … den lebendigen Gott.“[70]

Maria war ganz Ohr für Gott. Sie hatte ein hörendes Herz für ihn, so dass das Wort Gottes ganz in sie eingehen konnte. Sie war ganz Ohr, so dass sie das lebendige Wort, den Logos, empfangen konnte. Ja, auf diese Weise deutet der Kirchenvater Mariens Hören als ein Empfangen des lebendigen Gottes.

---

[70] Theodotos von Ankyra: Homilie 4 in Deiparum et Simeonem C 2. PG 77, 1392 CD, zitiert nach ebd., 16.

Hier möchte ich auf eine ungewöhnliche Darstellung verweisen, die sich im Tympanonfeld des Nordportals der Würzburger Marienkapelle befindet. Dort über dem Türbogen findet sich eine erstaunliche Veranschaulichung des Geschehens bei Maria Verkündigung. Es zeigt Gottvater, von dem ein langer Schlauch in das Ohr Mariens reicht.

Auf diesem Schlauch rutscht das kleine Jesuskind entlang ins Ohr Mariens hinein. Ganz nahe am Ohr Mariens sitzt der Heilige Geist in Gestalt einer Taube, der Maria ins Ohr flüstert. Ob der Künstler das Zitat des genannten Kirchenvaters kannte, weiß ich nicht. Doch ist dies sicherlich eine recht originelle Darstellung einer Person mit einem hörenden Herzen, von Maria, wie sie ganz Ohr war für Gott.

Kardinal Kurt Koch deutet dieses „Ganz-Ohr-Sein“ Mariens sehr schön wie folgt: Maria ist „für Gott ganz Ohr ...“, so „dass sie ein hörendes Herz für ihn hat, dass sie das Wort Gottes bis in ihr eigenes Herz hinein hört und seines Wortes so inne wird, dass sie es der Welt geben kann“.[71]

---

[71] Koch, Kardinal Kurt: Bund zwischen Liebe und Vernunft. Das theologische Erbe von Papst Benedikt XVI. Freiburg/Br. 2016, 16.

Bitten wir Maria um ihre Fürsprache, dass auch unser Herz immer mehr hörend wird. Bitten wir sie um ihr hörendes Herz! Sie ist von ihrem ganzen Wesen her eine wirklich Hörende. Bitten wir sie, die Gnadenvermittlerin, uns die Gnade zu vermitteln, wirklich hörend zu sein.

Gottes Blick

Nun habe ich in vielen Variationen davon gesprochen, wie wir auf Gottes Liebe antworten können. Vielleicht hilft aber auch einmal der ganz andere Blickwinkel, der Blick auf Gottes Sehnsucht nach uns. Schauen wir aufs Kreuz, dann sehen wir Gottes Liebe zu uns. Wir sehen, wie sehr ER uns liebt! Wenn ich auf das Kreuz schaue, sehe ich, was Gott für mich bereit war zu tun. Ich sehe, was ich Gott gekostet habe. Ich sehe wie immens seine Liebe war. Am Kreuz zeigt sich Gottes Liebe. Auf eine solche Liebe kann ich doch nicht anders antworten, als sie betend zu umarmen. Auf eine solche Liebe kann ich nicht anders, als in Liebe zu antworten! Eine solche Liebe verlangt doch nach einer Beziehung, nach einer Entgegnung!

Aus uns selbst vermögen wir kaum, angemessen zu antworten. Mit der Taufe wird uns die göttliche Tugend der Liebe eingegossen. Wir werden in den göttlichen Liebesfluss hineingenommen, den Heiligen Geist. Umso wichtiger ist es, täglich um den Heiligen Geist zu bitten. ER schenkt uns das Vermögen, auf Gottes unendliche Liebe antworten zu können.

> Komm herab, du Heiliger Geist, erfülle unsere Herzen mit dem brennenden Feuer der Liebe!

Komm herab, du Heiliger Geist, und erinnere uns immer wieder an Gottes liebende Sehnsucht nach uns!
Komm herab, du Heiliger Geist, und erfülle uns mit dem Feuer der liebenden Antwort!
Maria, du unsere Mutter, bitte ergänze,
was uns an Hingabe fehlt!
Maria, du unsere Mutter, bitte für uns! Amen!

… es bleibt die Bitte an den Herrn

So möchte ich schließen mit der Bitte an den Herrn um diese Gnaden mit den Worten des hl. John Henry Newman:

„Gib, daß ich dich immer vor Augen habe …!
Erhalte mich immer in Gemeinschaft mit dir,
meinem verborgenen, aber lebendigen Gott!
Du bist in der Tiefe meines Herzens.
Du bist das Leben meines Lebens.
Jeder Hauch meines Mundes, jeder Gedanke meines Geistes, jede gute Regung meines Herzens ist ein Ausdruck der Gegenwart meines unsichtbaren Gottes in meiner Seele. Durch Natur und Gnade bist du in mir.
Ich sehe dich in der Welt der Sinne nur dunkel,
aber ich vernehme deine Stimme
im eigenen innersten Bewußtsein.
Ich wende mich zu dir und rufe: Mein Meister!
O bleibe immer bei mir;
und wenn ich versucht werde, dich zu verlassen,
dann verlasse du mich nicht, o mein Gott![72] Amen!"

[72] John Henry Newman: Gott – das Licht des Lebens. Gebete und Betrachtungen (online-Ausgabe), 120. https://freidok.uni-freiburg.de/

Dies möchte ich ergänzen um das bekannte Gebet der Hingabe des hl. Niklaus von der Flüe:

„Mein Herr und mein Gott,
nimm alles von mir, was mich hindert zu dir.
Mein Herr und mein Gott,
gib alles mir, was mich fördert zu dir.
Mein Herr und mein Gott,
nimm mich mir und gib mich ganz zu eigen dir. Amen!"

---

fedora/objects/freidok:746/datastreams/FILE1/content vom 1.2.2021.

Kleine Sammlung für ein Beten mit dem Wort Gottes

„Mein Herz ist bereit, Gott, mein Herz ist bereit, …
Ich will dich preisen, Herr, unter den Völkern,
dir vor den Nationen spielen.
Denn deine Liebe reicht, so weit der Himmel ist,
deine Treue, so weit die Wolken ziehn.“ (Ps 57,8-11)

„Fürchte dich nicht, denn ich bin mit dir!“ (Jes 41,10)

„Mit ewiger Liebe habe ich dich geliebt.“ (Jer 31,3)

„Ich will hören, was Gott redet.“ (Ps 85,9)

„Rede, HERR; denn dein Diener hört.“ (1 Sam 3,9)

„Jeden Morgen weckt er mein Ohr,
damit ich höre, wie Schüler hören.“ (Jes 50,4)

„Vater, in deine Hände lege ich meinen Geist.“ (Lk 23,46)

„Meine Seele hängt an dir.“ (Ps 63,9)

„Gott, du mein Gott, dich suche ich,
meine Seele dürstet nach dir.“ (Ps 63,2)

„Ich habe den Herrn beständig vor Augen,
er steht mir zur Rechten, ich wanke nicht.
Darum freut sich mein Herz
und frohlockt meine Seele.“ (Ps 16,8)

„Was kann uns scheiden von der Liebe Christi?
Bedrängnis oder Not oder Verfolgung,
Hunger oder Kälte, Gefahr oder Schwert?“ (Röm 8,35)

Herzensgebet:
„Herr Jesus Christus, erbarme dich meiner!“

Meine eigenen Worte für eine Zweisamkeit mit Gott: